増補版

スキルアップ → 業務拡大

人事コンサルタント
養成講座

西村　聡 [著]

冨田高子・吉岡規子 [企画構成]

営業支援
ツール
⬇
ダウンロード
特典付き

JN048408

日本法令

増補版への序

　2007年の初版から13年が経過し、そこから大きく世の中が変化しました。労働分野では、「働き方改革」政策の中で"同一労働同一賃金"が注目されることになり、非正規社員を含めた人事管理制度の見直しが急務となりました。この過程で、派遣社員の賃金について、地域別に「同種の業務に従事する一般の労働者の平均的な賃金の額」が示されこれ以上であることが政府によって示されました。同一労働同一賃金としては不十分と言わざるを得ませんが、日本における人事管理制度は大きな転換期にあることは間違いありません。

　また、少子高齢化の下、生産人口が減少していく中で労働生産性を向上させるために、リモートワークや短時間勤務などの「多様な働き方」と外国人雇用を推進していくことが本格的に求められる時代にもなりました。

　ただ、新型肺炎によるパンデミックは、休業や稼働率低下のため長時間労働を解消させ、正規・非正規社員の賃金格差を解消させたどころか、非正規社員の契約解除、企業の倒産、廃業やリストラによる失業率の増加など、改革以前の事態に陥らせるに至っています。

　また、急遽導入されたリモートワークにより、ｗｅｂ会議などのＩＴ技術を活用すれば、社外でも定型業務のように仕事ができていることに違和感を覚える管理・専門職もいます。そして本来すべきマネジメント業務が今までできていなかったことに気づき、今後の自身の役割（価値）について不安を抱いている方も少なからずいます。同時に、必要な業務と不要な業務があぶり出され、従業員の勤務場所には関係なく、目標にコミットし、期待（約束）した成果を達成できるかどうかがよりシビアに問われる時代になることは間違いありません。つまり、リモートワーク化によって、企業は、従業員に対してどのような価値を提供できるのか、という問題を突き付けられることにもなりました。

　それどころか、働き方改革の本丸である「労働生産性の向上」は長期的な課題として残されています。上述の理由で皮肉にも表向きは生産性が改

善したとしても、投入労働者数の減少よりも付加価値の方が低下するようでは労働生産性の向上としては全く話になりません。どのような働き方であっても、賃金の本質は、経済合理性の観点から生産性に見合っているかどうかであることを認識しておく必要があります。

　以上のことから、これまでのような職務の内容やその生産性には連動していない能力主義の人事制度では社会の変化に対応できず、これからは職務主義の人事制度を構築、導入できる人事コンサルタントが求められてくることになります。よって、人事コンサルタントには科学的アプローチが求められるなど、これまでとは大きく変わってきます。職務分析ができない、職務設計ができない、根拠に基づかないような指導をするコンサルタントは必要なくなります（科学的アプローチができないコンサルタントをそもそもコンサルタントと呼べるでしょうか）。

　このため、人事コンサルタントとして必要な心構えおよび基礎的スキルについては大きく変わることはないのですが、増補版においては、初版以降に起きた業界および社会動向の変化を受け、主に次の２点について書き加えました。

- ●人事管理に打ち寄せてきたＩＴ化の波の中で、さらに問われることになったコンサルタントの倫理観
- ●初版ではあまり触れていなかった職務分析、職務評価についての考え方と手順

　なお、本書は人事コンサルタント事始めとして執筆したもので、誰もが当たり前としていることを丁寧に述べています。しかし、この当たり前のことが徹底できないあるいはできていると思い込んでいるのが我々人間でもあります。そして、この当たり前のことを追求せず、安易にコンサルタントと名乗り、虚勢を張る者が湧き出てくるのもこの業界の残念なところです。だからこそ、私なりの「人事コンサルタント」としての基本的な姿勢"あるべき姿"についてわかりやすく解説しています。

　特に、これからの暗鬱な時代の下、ますます多様な働き方が企業に導入されていく中で、人事コンサルタントが顧客の要求に真摯に応え、業績に貢献できるかどうかが試されてきており、ゆえに基本を疎かにすることな

くコンサルティングに取り組むことを願ってやみません。

　最後に、約20年間、お会いするたびに日本の人事労務管理をめぐる状況について論じ合い、このたびも本書の増補版を薦めていただきました（株）日本法令取締役の岩倉春光氏、またお忙しい中、初版に続きご協力いただきました冨田高子先生（あかつき社労士事務所）、吉岡規子先生（アイ・スマイル社会保険労務士法人）、そしていつもご支援いただいている三浦眞澄先生（NPO法人企業年金・賃金研究センター理事長）に対して心より感謝申し上げます。

西村　聡

　　※　職能資格等級制度は、一般的には職能資格制度と呼称されていますが、本書では、職能等級制度として表記しています。

はじめに

　依然不透明な経済状況において企業競争はますます激しくなるばかりです。そして職能資格制度の時代は終わり、また欧米型成果主義人事制度を導入した企業の経過を見るとマイナス面が大きくクローズアップされています。その結果を踏まえ、人事制度にはっきりと大きなひとつの方向性が見えてきました。今後は日本および各企業が持つ組織の風土文化や経営戦略に合わせ、成果につなげることができる「役割等級人事制度」がますます多くの企業に導入されることになるでしょう。

　日本の文化を再認識し"個の再生　個の復活"を目指し「人事ルネサンス」を掲げ、2004年7月に㈱日本法令から『役割等級人事制度導入・構築マニュアル』を出版した当時から現在を比べますと、「役割等級人事制度」は市民権を得てきたと強く感じます。このため、今後さらに浸透していくであろう「役割等級人事制度」が組織の活性化ひいては社会の活性化につながるよう、この制度の本質を理解し、構築・運用できる人材が求められてくることでしょう。

　本書を世に送り出すことになったきっかけのひとつは、私が講師をしている㈱日本マンパワー「人事コンサルタント養成講座」の卒業生である冨田高子先生と吉岡規子先生がそれぞれが発行されている事務所通信に連載してきた人事賃金に関するQ&Aへの執筆でした。

　そこでこれまで㈱日本マンパワーおよびNPO法人企業年金・賃金研究センターの人事コンサルタント養成講座の中や講座終了後に受講生から投げかけられた質問に答えてきた、人事賃金制度、特に役割等級人事制度の構築コンサルティングのための心構え、基礎知識、手順などをQ&A形式で1冊の本にまとめることにしました。

　これから人事コンサルタントになろうとされている方にも十分にご理解いただけるよう、できる限り人事コンサルティングの手順に沿って、現場で実際に行っている、話している内容、活用している各種フォーマット、

そしてその根底にある考え方について正直に平易に述べることに配慮しています。このため、制度の詳細設計については前著『役割等級人事制度導入・構築マニュアル』に譲ることにしました。

　コンサルタントがまさに自由業といえる理由に「会社の経営方法には100社あれば100通り、いや、それ以上あるため、これをやれば必ず業績が上がるといえるような法則性がないためだ」と聞いたことがあります。つまり、人事賃金制度を通して組織を活性化させる方法も数え切れないほどあるのです。基本的に相手は組織であるといってもそれを動かしているのは「人」なのです。この「人」に合わせて人事コンサルティングを行うわけですから、結果としては指導するコンサルタント流ではなく、その会社流の制度になるということです。

　お客様の人事制度を構築することは非常に責任が重いものではありますが、本書を通してこれから志ある人事コンサルタントを目指す諸氏に、やりがいある大切な仕事であることを感じていただき、より深い探求へ進まれるきっかけとして、また明日からのコンサルティングの実践に少しでも活かしていただければ幸甚の限りです。

　まだまだ未熟な私であり本書は現段階での成果をまとめたに過ぎませんが、両親、家族、諸先輩方やこれまでに出会った方々、多くの仲間そしてお客様からたくさんのことを教えていただき、ここまで来られたことに対して心から感謝するとともに、またこれを機会にさらに精進していかなければならないことを改めて痛感した次第です。

　最後になりますが、本書の出版を快くお引き受けくださいました㈱日本法令出版部課長の岩倉春光氏、また出版に際しご協力いただいたNPO法人企業年金・賃金研究センター三浦眞澄理事長そして、忙しい中企画段階から多大なる協力をいただいた冨田高子先生（あかつき社労士事務所）、わかりやすい構成としてくださった吉岡規子先生（Beeパートナーズ社労士事務所）、水野由里先生（Beeパートナーズ　プランニング）に対して心より御礼申し上げます。

西村　聡

組織員の力が足し算どころか引き算になってしまっている組織を見ることがあります。それぞれの役割が不明確で、能力をつぶすような制度や人間関係があったりして、力が生かされない組織です。就業規則などのルール、人事賃金制度などのシステムだけで社内を活性化することはできません。人の行動には感情が伴うからです。経営課題は何なのか、誰がどんな役割を担って経営目標を目指すのか、どんな項目・数字でチェックをするのか、ということを明らかにしたうえで、組織員の力が足し算や掛け算で発揮できるような場作りをするのが「西村流役割等級制度」です。

　今回は単なる「作り方」にとどまらず、その背景にある「考え方」「姿勢」を浮彫りにすることを意識して本作りをしました。書式も豊富で惜しみなくノウハウを公開しています。

　元気な会社、利益が出る会社、組織員がいきがいと誇りが持てる会社を作っていきましょう。

　最後になりましたが、この本の出版に関わってくださったすべての方と読者のみなさまに感謝申し上げます。

冨田高子

●　　●　　●　　●　　●　　●

　会社の人事支援を仕事にするうえで、人事賃金制度を構築・運用する知識は必須だと思い、いくつかの本を読みインプットすることはできました。しかし、心にひっかかりを感じていた、まさにそのとき、㈱日本マンパワーの人事コンサルタント養成講座で西村聡先生と出会いました。会社、経営者・社員と正面から向き合い、会社組織の活性化を熱く思う志に触れ「これだ！」と思った瞬間でした。

　社会保険労務士として行う手続業務とは異なり、人事コンサルティング業務では各社の制度が異なることは当然なこと…と知ったことは、私にとってとても大きな気づきでした。業種、規模、歴史、社員数、そこにいる経営者や社員一人ひとりが違うわけですから、"会社流"ができあがる

ことは当たり前のことなのですが、世間では○○制度イコールこれである、というどこか決まった答えや枠に合わせなければならないムードがあります。

　本書は、"会社流"を構築していくうえで必要な細かな手順、ノウハウ、資料等がまとめられております。正直なところ、「ここまで公開してもよいの？」と思ってしまうものもあります。

　私自身まだまだ勉強中の身です。本書を手にされた皆様とともに「役割等級人事制度」という制度を通して、会社組織を活性化するお手伝いができ、そこにいる経営者・社員の皆様方の笑顔にたくさん出会いたいと思っております。

　今回このような機会をくださいました西村聡先生、学びの友であり多くの時間を費やしてくださった冨田高子先生はじめ、この本に関係した皆様のお力添えに厚くお礼を申し上げます。

吉岡　規子

Contents

Contents

第4章 人事コンサルティングの受注活動

第5章　人事コンサルティングの実践

第6章　人事コンサルタントの鉄則77箇条

第1章

人事コンサルタントはやりがいある仕事

1 人事コンサルタント という仕事とは？

Q ： 人事コンサルタントとはどのような仕事をするのでしょう？

A ： コンサルタントとは、クライアントが経営管理上抱えているさまざまな問題の解決を図り、経営目的・目標を達成するうえで、経営者と組織成員を支援することを職業としている人間を指します。会社には「ヒト」「モノ」「カネ」といういくつかの資源がありますが、「人事コンサルタント」はその経営資源の中でも、特に人事労務分野を中心に問題解決を支援することを専門にしているコンサルタントというところでしょう。

Q ： 例えばどのような内容が挙げられますか？

A ： 人事管理方法、組織設計、賃金の設計から運用、能力開発、企業年金・退職金、労働安全衛生、労使紛争の解決など、多岐にわたります。

Q ： 人事労務専門のお医者さんということでしょうか？

A ： そうです。会社とは社内だけに留まらず、関係先などパートナーも含めて多くの「人」が関係して成り立っています。そして、人がいれば人事労務分野の問題点は必ず起こります。

図表1－1　人事コンサルタントの仕事

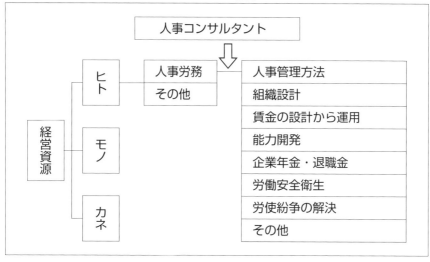

　この問題（症状）に対し、お医者さんが患者に聴診器を当てて病気を判断し、心で患者をケア、時には手術でメスを入れるように、コンサルタントは組織あるいは成員に対して処方をするのです。

　江戸後期の儒学者佐藤一斎が書いた言志四録には『「人にして恒無きは、以て巫医と為る可からず」と。余嘗て疑う、「医にして恒有って術無くば、何ぞ医に取らん」』と。既にして又意う、「恒有る者にして、而る後に業必ず勤め、術必ず精し。医人は恒無かる可からず」とあります。なによりもまず"良心"が必要ということです。

Q ：　経営者の方はたくさんの問題を抱えていらっしゃいますね？

A ：　経営者の悩みは尽きないものです。資金繰りなど頭の痛くなることばかりです。ただ、それを良くしようと思うと、コストダウンするにしても人件費に突き当たるし、逆に設備投資をして生産性を上げようとしてもオペレーターである人に突き当たります。営業や開発強化の課題もすべて同じです。人を育成しないで経営者一人が走り回っている会社も多いのではないでしょうか。

そういう意味では、経営者が"人"に対して特に注目し悩んでいるのはたしかです。「公正な評価をしたい」「将来的に通用する能力を習得させたい」などと、なんとかして組織を活性化しようと思っているのです。人事コンサルタントのニーズは非常に高いものと考えられます。

Q ：　人事コンサルタントの仕事とは、手間がかかる大変な仕事ですか？

A ：　支援する内容によって異なりますが、どのような仕事でも簡単ではありません。会社に対しての手間のかけ方も人それぞれでしょう。

　ただ、信頼されるには心血を注ぐ必要があります。知識だけではコンサルティングはできません。現場に立ち、経営者や社員と一緒に考えることが求められます。また、概念を創造するスキルが非常に重要です。自分達で解決できないから依頼をしてくるのです。我々が手足を動かさずして何をコンサルティングするのでしょうか？口先だけでは何も変えられません。

Q ：　コンサルタントとして、どのような方法で会社支援を行うのでしょうか？

A ：　支援方法は大きく①講師型、②診断型、③プロセス型の３つに分けられるでしょう。

① 「講師型」は会社の明確な要望に沿って話をすることを得意とする方

② 「診断型」は会社から依頼されたテーマに対して調査、分析を中心にその解決方向までを提案することを得意とする方

③ 「プロセス型」は会社に入り込み、社員と一緒に起こっている問題を整理し、解決していくことを得意とする方

　このプロセス型には「指摘型」と「参画型」の２タイプがあって、指摘型は診断を現場で実施、コンサルタントは問題発見、指摘をし作業は社員にさせる（一方通行）型で、参画型は現場社員に気づきを与えながら一緒に問題解決に取り組む型です。すべてに共通して

図表1-2　コンサルタントの類型

　いえることは、どの型であれ、コンサルタントは会社が抱える問題解決の手助けをするということです。

　また、別の分類方法として、クライアントのプロジェクトメンバーと協働で問題解決を図る「プロジェクト型」とコンサルタントがクライアントの作業の一部または全部を遂行する「請負型」があります。

Q：　前頁のコンサルタントの類型別に、支援期間を教えてください。

A：　「講師型」は会社から与えられた研修日程となり、用意するものはテキスト、資料などになります。「診断型」、「プロセス型」はテーマ内容と会社の規模に左右されます。中でも「参画型」の場合は、現場における社員の気づきを大切にしながら、また責任感を持たせながら社員の理解レベルおよび解決レベルに合わせプロジェクトを進めていきますので、支援期間は長くなる場合もあります。その他の類型として、請負型、プロジェクト型などの分け方もありますが、請負型は次の講師型、診断型になりますし、プロジェクト型はプロセス型に多いパターンとなります。

コンサルタントの類型	支援期間
講師型	会社から与えられた研修日程による
診断型	テーマ内容と会社の規模による
プロセス型－指摘型	
プロセス型－参画型	

鉄則一

コンサルタントとは、クライアントが経営管理上抱えているさまざまな問題の解決を図り、経営目的・目標を達成するうえで経営者と組織成員を支援することを職業としている人間である。

鉄則二

なによりもまず〝良心〟が必要。

② 人事コンサルティング市場予測

Q ： コンサルタント数が多いとのことですが、マーケット的にはどのようにお考えですか？

A ： 実際、人事コンサルティングに限らず企業の経営コンサルティングを行うマーケットの規模は、日本において約8,000億円ともいわれています。また、コンサルティング業務を行うコンサルタントの数は何万人ともいわれます。定年退職後にコンサルタント業を始める人が多いことから増加傾向にありますが、その分競争も激しくなり、契約金額の格差もますます広がり、市場規模的に大きく拡がることが厳しい状況にあります。

Q ： 市場の中ではどのようなことが起こっていますか？

A ： 日本のコンサルティング市場は、欧米に比べれば非常に小さいことから、まだまだコンサルティング市場は拡大するものと思われがちですが、私のこれまでの経験からわかることは、この業界は淘汰が激しく中小規模のコンサルティングファームが大きくなっては分裂、縮小……となり、消えていくところも非常に多いように感じます。"明日は我が身"です。常にこの危機感を持ち、精進することです。

Q ： 人事コンサルティング市場は、今後拡大すると思いますか？

A ： 先に市場規模的に大きく成長することはないと述べましたが、人事コンサルティング市場はまだまだ未成熟な段階といえます。これは少子高齢化の中で中高年齢者の中途採用、再雇用の問題、非正規社員の労務管理問題、外国人雇用問題、そしてリモートワークおよび短時間勤務など多様な働き方への対応など雇用問題は複合化しているからです。特に、成熟化した社会の中で企業の買収や合併などが多くなり、そのために発生する労働条件面でのコンサルティングも増えていくことが予想されます。逆に、企業倒産などによる整理業務もあります。昨今の成熟化、低成長経済下においては組織活性化が最も重要なテーマになってくるのではないでしょうか。

またIT化に連動して人事情報システムの再構築、導入が求められ人事制度の再構築へと案件が発展する場合もあります。

経営とは切り離せない人的資源の管理は、時代の変化に応じて発生する問題に対処するという意味でも、ますます拡大していくでしょう。

特に、働き方改革における正規社員と非正規社員の処遇格差を解消することを目的とした同一労働同一賃金の実現や労働生産性を向上するための政策には、職務基準をベースとする人事制度の考え方が求められることから、人事コンサルタントの役割は重要になってきます。

3 人事制度を取り巻く環境と課題

Q ： 人事制度を取り巻く環境の変化はどのようなものがありますか？

A ： 人事制度を取り巻く環境の変化として以下のことが挙げられます。

1》経済環境変化
　①成熟経済（低成長化）　②賃金の高騰化（高コスト化）
　③ソフト経済化　④高度情報（IT）化　⑤グローバル化

2》社会環境変化
　①高齢化　②高学歴化　③晩婚化と少子化　④女性の社会進出
　⑤労働価値観の多様化　⑥労働時間短縮

3》法令動向
　①定年延長・再雇用制度　②育児休業制度　③介護休業制度
　④男女雇用機会均等法　⑤パートタイム労働法　⑥労働者派遣法

　近年の規制緩和の流れもあり、これらの環境変化により各社その
対応に迫られています。最終的には会社というよりも人にその対応

力が求められることになるのです。

Q ： これらの環境の変化が起こる中で、人事にはどのような影響があるでしょうか？

A ： 企業倫理に従い、今後の会社の人事システムを構築するうえで、環境の変化を無視することはできません。変化を迅速に読み取ることが必須となるでしょう。

今後考えられる5つの課題を挙げてみます。

① 人材の適正配置による活性化とその活用

② 多様な雇用形態と柔軟な勤務形態の検討

③ 女性および高齢者の戦力化と積極的活用

④ 中高年になるまでの能力開発とその活用

⑤ 労働力の需給変動および経済変動による賃金制度の変更

中長期での戦略的な人材マネジメントが求められ、特に、昨今の厳しい経済環境において、企業家型人材やプロフェッショナル人材をどう確保していくのかも大きなテーマとなっています。この意味では、人件費をコストとみなす以上に、会社の将来を託す資源への投資と考えた施策が必要となります。

4 コンサルタントは必要とされている

Q ： 会社がコンサルタントを必要とするのは、どのようなときですか？

A ： 基本的には、会社の中で組織の目的・目標を達成するために、現在起きている問題の解決が自ら図れないときです。

Q ： それはどのような理由によりますか？

A ： たとえ、潜在的な問題解決能力があったとしても、①自分達にそのノウハウがない、②短期間で解決したい、③意思統一ができない、④やり切る自信がない、⑤客観的に第三者の視点で見てもらいたいなどの理由により解決が図れない場合があります。

　一番頭が痛いのは、経営者と経営幹部・社員との関係や経営幹部の権力闘争、仲間割れがある場合、経営者が裸の王様で社員からなめられている場合、コンサルタントにどうにかしてもらおうという他人任せ的な理由のときです。

Q ： なぜ、一番頭が痛いのですか？

A ： コンサルタントがその中で利用されるという危険性を孕んでいますから。たしかにコンサルタントの活用理由のひとつにはなると思

いますが、経営者に実状をしっかりと伝え、会社の創業精神、経営理念を基本に今後、解決する方向性を明確に指導しなければ、コンサルタント自身が翻弄させられることになります。

Q： それを避けるためにはどうしたらよいのでしょう？

A： なぜ、翻弄させられるかというと、コンサルタントとしての哲学がまだできていないか、自信ができていない、あるいは自分のコンサルティングスタイルが確立していないからです。

よって、自分独自の「手法」を持つことは、これを避けるための大事なポイントです。

経験から学ぶことも当然多いのですが、会社に対する先入観を持つことや特定の経験（狭い分野）のみでコンサルティングを受託することはとても危険です。

私が提唱する役割等級人事制度の構築方法は独自のものですが、この手法を使えば、構築された人事システムはその会社独自のものになっていきます。また、皆さんがこの手法をマスターするプロセスは自己研鑽にもなりますし、コンサルティング業界においても大きな差別化を図れることになるでしょう。

鉄則三

他人任せ的な理由のときは、経営者に実状をしっかりと伝え、会社の創業精神、経営理念を基本に今後、解決する方向性を明確にしたうえでコンサルティングする。

鉄則四

会社に対する先入観を持つことや特定の経験（狭い分野）のみでコンサルティングを受託することはとても危険。それよりも自分独自の「手法」を持つことが大事。

5 コンサルタントから見た中小企業の問題点

Q： 中小企業の人事に関する問題点にはどのようなことがあります
か？

A： いくつか挙げると、

① 経営機能における直接機能（生産や販売等）優先という考え方
や行動で、間接機能である人事機能が後回しになってしまう

② オーナー経営者が多く、民主的経営の後れが目立つ。このため
社内のコミュニケーション力が非常に弱い

③ 一般的に収益構造が厳しく低賃金である

④ 系列など二重構造となっている産業構造を人事分野にも持ち込
んでいる

⑤ 新卒採用が難しく、中途採用者が多い。また、慢性的な人材不
足に陥っている（全体的な人材不足、人事スタッフの人材不足）

⑥ システム的な人事管理（計画的な教育・活用）の条件が乏しい
ためOJTもままならず、結果として、市場環境の変化について
いけない職人を育ててしまう

などがあります。

Q： 中小企業は、何かしら問題点を抱えているということですか？

A： そうです。その分、コンサルティングが必要な要因がいっぱいそろっているということです。同時に、中小企業は大企業と違い、組織のしがらみや従来からのシステムのしがらみは少なく、社員個々の業績貢献がつかみやすく、何よりも経営者次第で人事革新が迅速にできます。人事革新コンサルティングのチャンスなのです。

Q： 法令順守意識の薄い中小企業が多いように思いますが、これにどう対応していますか？

A： 中小企業は、ハラスメント、長時間労働と未払賃金の存在、特殊健康診断の不受診などの問題を多く抱えています。労働基準法が毎年厳しくなってきていることや、未払賃金の時効が３年に延長されるなど民法の改正も行われていますが、法令遵守は絶対です。

人事コンサルタントは、予備診断（第５章第１節）でこの実態を調査し、診断報告書で指摘をすることが必要です。また、その後のコンサルティングにおいて、都度、注意を促すことはもちろん、長時間労働や未払賃金については職務分析による職務内容の明確化により、労働生産性を向上させることで解決していくことが求められます。

ただ、最も難しいのはハラスメント問題への対応です。ハラスメント研修を定期的に実施することのほか、従業員へのアンケートの実施やハラスメント相談室を設け会社の姿勢を見せながら、ハラスメントのない組織風土作りに向かって根気強く対応していく体制を整える支援をしていくしかありません。

6 人事制度失敗の原因

Q ： コンサルタントを入れて失敗したという話を聞いたこともありますが?

A ： コンサルタントは経営者ではありません。あくまでも経営改革の主体者は経営者です。失敗した理由はさまざまでしょうが、基本的にはコンサルタントのスキル、ノウハウが不足しているために経営者と社員の橋渡しがきちんとできなかったか、初めからコンサルタントと経営者の信頼関係が構築されていなかったことが失敗したと判断できます。前者については、スキルはあるがそれが高度なために経営者に理解をしてもらえないということが原因でミスマッチを起こすことがあります。

このほか、プロジェクト型でコンサルティングを行っているにもかかわらず、会社が請負型をイメージしていることでも、主体はどちらにあるのかということが不明瞭でうまく成果が出ない場合もあります。

リーダーの経営戦略やリーダーシップの発揮方法に間違いがあるにもかかわらず、社員の行動能力が悪いとされている場合が多いものです。制度的にいくら良いものができても、それを運用する側が

間違った解釈をし、間違った運用をするならばその制度はまったく意味を成しません。会社は制度の中身で変わるのではなく、制度の構築方法や運用方法で変わるのです。

Q ： 会社に合った制度とは、会社ごとに異なるということですか？

A ： そのとおりです。しかし現状は、どの会社、どの業種に行っても職能等級制度の等級は9等級、しかも等級定義も同じ内容を目にすることがあります。

Q ： 会社によって変えるべきなのに、同じ制度を入れているということですか？

A ： 多くの会社が親会社や同業他社の真似をしています。また手抜き人事コンサルタントが他社の制度や●●式の○○モデルのようなやり方をそのまま導入している場合もあります。これは厳しい見方をするならば、人事コンサルタントがその会社の中身も理解せず、職務分析あるいは職務調査も行わず、現場を知ることもなく経営者と一方的に設計・導入をしているわけです。これは楽かもしれませんが、会社をだましているに等しいことです。

Q ： 設計・導入する際に気をつけなければならない点を挙げてください。

A ： 第一に、何のために人事制度を改定しなければならないのかという目的が明確になっていない、または間違っている場合は失敗する可能性が高いということです。

例えば、

① 単なる人件費削減のための人事制度改定である

② 賃金体系を変更することに対する納得性がない

③ 人事考課制度の不備や考課者の理解不足および能力不足がある

④ 制度を細かくしすぎてかえって運用ができなくなり、組織が

ますます硬直化する

などがあります。

　第二にこれまでの組織風土を無視しているという大きな原因があります。

　「空気の重みを感じないからといって、空気が軽いという訳ではない」といわれるように、文化資源は常に私達の周囲にあって私達の行動を誘発し、かつそれを制約し、かくして行動を可能にしています。このような心理的プロセスの中に取り込まれているということを忘れてはなりません。

Q：　社員が変化を嫌がることがありますが、どのように進めたらよいですか？

A：　抵抗勢力への対処ができていないということが原因に挙げられます。人事制度改定の目的を明確にし、技術論にこだわらずクライアントの組織風土をよく理解し、抵抗の原因を見極めたうえでコンサルティングを行うことが必要です。

　人事制度の改定は社員の生活に重大な影響を及ぼすものです。時にはリストラのように多くの血を流すことになります。

　コンサルタントの持つこのスキルは、武士でいえば刀です。危険な道具である刀を持つということは、同時に責任感と自尊心を持つことだったといわれます。危険なものを持たせるということは、「責任感を教える」ということでもあるのです。つまり、危険な道具を持つことで自制心が生じるのです。きちんと社員と向き合う責任もあることを忘れてはなりません。

Q：　社員と向き合うためには何をしていけばよいですか？

A：　私は指導するクライアント先で「場」作りを心掛けています。「場」を提供し、経営者自身の改革の意思を示すことで社員の閉ざされた心を再び開いてもらい、「このままでいいのか、自分は何がしたいのか、どうありたいのか」について自分と真剣に向き合い、競争の

激しい時代の中で生き残っていくための方法を考えてもらいたいからです。

　何十年も抑えられてきた人間が本当に心を開くには時間はかかりますが、現場のリーダーが自主的に責任をもって動くようになりますし、業績も上がってきます。

　しかし「場」を作っても失敗するケースもあります。その原因は、
① 　経営者の行動が変わらない、
② 　社員を信じ社員が変わろうとしている時間を待てない、
③ 　人事コンサルタントも結局は信じられないという経営者の心です。

　人の組織も個々人の特性と能力を活かして、一体となって組織力が発揮できるよう編成されなければいけません。それには、個人個人が心を通わせ、互いに協力する団結が必須要件であることを、経営者には思い起こしてほしいのです。

知故温新 　「人は石垣、人は城」という武田節の一節があります。 "人は城　人は石垣　人は堀　なさけは味方　あだは敵なり" といいます。城の石垣は大小さまざまな石がその形状によってうまく組み合わされ、全体がひとつにまとまっています。さまざまな人間によって編成された組織も、組合せによっては城の石垣のように強固なものとなるのです。

鉄則 五

会社は、制度の中身で変わるのではなく、制度の構築方法や運用方法で変わる。

鉄則 六

人事制度改定を成功させるカギは、目的を明確にすること。

鉄則 七

文化資源は常に私達の周囲にあって私達の行動を誘発し、かつそれを制約し、かくして行動を可能にしている。このような心理的プロセスの中に取り込まれているということを忘れてはならない。

鉄則 八

人事制度改定の目的を明確にし、技術論にかかわらずクライアントの組織風土をよく理解し、抵抗の原因を見極めたうえで、コンサルティングを行うことが必要。

鉄則 九

人事制度の改定は社員の生活に重大な影響を及ぼすもの。時にはリストラのように多くの血を流すことも。コンサルタントの持つこのスキルは、武士でいえば刀であり、危険な道具である刀を持つということは、同時に責任感と自尊心を持つことであり、自制心を生じさせる。コンサルタントにおいてもきちんと社員と向き合う責任もあることを忘れてはならない。

第2章

必要な能力・スキル・心構え

① こんな人が人事コンサルタントに向いている

Q ： コンサルタントとして必要とされる能力はどのようなものがありますか？

A ： まず、旺盛な向上心、好奇心、傾聴力、コミュニケーション能力が伴った行動力（リーダーシップといってもよいかもしれません）、素直さが必要とされます。しかし、自分の能力以上の業務に単なる好奇心からなんでもかんでも取り組むことは問題になる可能性があり、顧客に誠実であればあるほど、自身の能力の限界を認識しておく必要があります。

次に、事実を掴む観察力、科学的な分析力も必要です。経営者同様に決断力やコンセプトや仮説を作り上げていく論理能力や、未然にリスクを察知する洞察力も必要となります。また、倫理観はもちろん、心身の健康、言い切る自信、誠実さ、高潔さも重要なポイントです。

Q ： かなりの能力が必要なのですね？

A ： 安心してください、スキルは勉強と経験で習得できます。しかし、これらの能力には「訓練」が必須です。先輩コンサルタントの

鞄持ちをすることで、先輩の言動を観察し、素直に先輩のアドバイスを受け入れ、真似をしながら少しずつ場を与えてもらう中で、軌道修正していく努力が必要です。グループなどを組みプロジェクトでコンサルティングをすることで能力習得をしていくことも可能ですが、核となるコンサルタントがいなければ未経験者で集まってもグループがまとまらず、顧客に失礼な結果になるでしょう。

◤ 図表2−1　コンサルタントに必要な能力

その1	その2	その3
旺盛な向上心・好奇心 傾聴力 コミュニケーション能力が 伴った行動力 素直さ	事実を掴む観察力 科学的な分析力 決断力 論理能力 洞察力	倫理観 心身の健康 言い切る自信 誠実さ 高潔さ

Q：　私には先輩という人がいませんが、どのように訓練していったらよいですか？

A：　研修で得られるものは知識などであり、それだけでコンサルティングができるとは思いません。先輩がいない場合は、自分で顧客にぶつかり、研修で得たものを地道に、かつ謙虚に、少しずつ実践して経験を積むことしか方法はありません。これはゴルフが上達するビデオを見ても、わかったような気になっているだけでなかなかうまくならないのと同じです。

Q：　やはり経験がすべてですか？

A：　経験にまさるものはありません。成人の能力開発の70％は「経験」を通して行われるともいわれています。会社においてコンサルティングの経験がある方、人事労務部門でコンサルティングを受けた、あるいは共同で作業した経験がある方、また、営業経験、マーケティング経験、開発業務経験、購買業務経験があり、顧客や取引先と新

たに業務を作り上げていくような経験があれば、これを応用してコンサルティングに活かすことは十分に可能です（ただ、会社内の経験とコンサルティングの実際はまったく異なることに注意を要します）。

Q： 営業経験、マーケティング経験、開発業務経験、購買業務経験がある人は強いということです？

A： 強いというわけではなく、これまでの経験を活かせる可能性があるということです。しかし、経験に頼ると初期に失敗を繰り返すことが多く、顧客にとっては迷惑な話となりますので、最低限、実習やケーススタディのある養成講座で疑似体験していくような学習をお奨めします。

Q： どのような経験を活かしていく方法が考えられますか？

A： 現在の複合的な問題を抱える会社に人事賃金制度を設計・導入した後に、その運用において目標管理制度を活用することができるならば、営業経験者は営業部門、生産部門経験者は生産部門でそれぞれの改善指導ができ、その結果は人事制度を通して業績に結びつくことになります。

Q： 社会保険労務士（以下、社労士という）にとって、人事労務は切っても切れない分野ですが、そのほかにどのような職業の人が人事コンサルタントに向いていますか？

A： 人事労務管理を通して、人と組織を活性化したいという志があれば十分ですが、多くの知識と能力を必要とされる職業であることは間違いありません。そう考えると、常に中小企業を支援されている職業、例えば中小企業診断士、税理士、技術士の方々は人事労務管理の方法を理解しておけば、きっと役に立つに違いありません。

Q ：　キーワードは「志」ですか？

A ：　コンサルティングは、会社の状況（気づきのレベルや成熟度）に合わせさまざまな切り口で会社の指導を行います。その指導に基づいて問題解決のために実際に動くのはそこで働く社員です。その社員に報いていこうとするのが人事管理となるわけですから、ニンジンをぶら下げるのではなく、原資に応じて「公平性」と「納得性」の高い処遇を行うことによって、より高いレベルへと改革が進められることも可能です。

　　ただ、注意していただきたいのは、経営全般の知識は必要ですから、専門分野だけに片寄っていては人事コンサルタントとしての役割を果たすのは難しいかもしれません。基準書、人事考課表、目標管理などと専門用語は飛び交ううえに、会社の業務の流れ（ビジネスプロセス）を無視しての人事制度の構築は不可能なのです。

鉄則
十

会社の業務の流れ（ビジネスプロセス）を無視した人事制度の構築は不可能。

Q ：　経営者から「コンサルタントは怪しい」という言葉をよく耳にしますが、その理由とコンサルタントとしての倫理観はどうあるべきでしょうか？

A ：　日本のコンサルティング市場はまだ成長分野ではありますが、過去から新規参入者が多く、特にここ数年、魚目混珠の状態となりました。もともと、「産業スパイ」と皮肉られることから、コンサルタントは倫理観が問われてきました。しかし、ここ数年、短期間のコンサルタント養成講座や、主催者としてのコンサルティング・ノウハウはないにもかかわらず会員制セミナーを開催し、裏では別の

会員の顧客情報やノウハウをちらつかせながら営業を行い、実際にそれを高額で売りつけているような組織も出てきていることは甚だ遺憾です。

また、虚勢を張りたいためか、自組織の診断や改善作業は外部組織に委託し、自分の手を汚す（心血を注ぐような努力をする）ことなく、できた結果をあたかも自身がすべてを実践し、模倣にもかかわらず進化させたかのように発信、そしてこれを営業ツールにしている者が増えてきているように思います。

自分の手を汚す（心血を注ぐような努力をする）ことがなければ、コンサルティング過程で出てくる問題への対応で真剣さは薄れ、悩みも軽くなるため、コンサルティング手法およびその背景にある考え方の本質を理解できていないまま、今度はそのやり方を自身のクライアントの経営課題に関係なく一方的に押し付けることになります。それで本当の結果が出るはずもありません。このようなコンサルタントが増えていることは、先人が築き上げてきたこの業界の信用を失墜させるものであり誠に残念なことだと思います。

通常、コンサルティング組織では、「コンサルタント倫理規定（基準）」を制定しています。主に、①同業者の業務を不当に侵害してはならないこと、②自己または第三者の不当な利益を図ることを目的としたり、特定人の不当な要求に迎合したような業務遂行を行わないこと、③当事者の属する代表の了解のある場合を除き、人の斡旋は行わないこと、④公正な批判をすることはあっても、みだりに他の同業者を誹謗し、またはその名誉を傷つけてはならないこと、⑤正当な理由なく、コンサルタント業務を通じて知り得た秘密、情報などを外部に漏洩、登用してはならないことなどが定められているのが一般的です。

▌図表2-2　コンサルタントの資質（Qualities of a consultant）

（1）　知的能力
- 迅速かつ楽に学習する能力
- 事実を観察・収集・選択・評価する能力
- 適切な判断力
- 帰納的・演繹的な論理力
- 総合化し一般化する能力
- 創造的な想像力、独創的な思考力

（2）　人々を理解し、人々と協働作業する能力
- 他人に対する尊敬、寛容
- 人の反応を予期し、評価する能力
- 気楽な人付き合い
- 信頼と尊敬を得る能力
- 礼儀作法のよさ

（3）　コミュニケーション、説得、動機付けを行う能力
- 傾聴する能力
- 口頭、書面によるコミュニケーション能力
- 知識を共有し、人々を教育・訓練する能力
- 説得・動機付けを行う能力

（4）　知的・感情的な円熟味
- 立ち居振る舞いの安定性
- 偏見のない結論を引き出す中立性
- 重圧に耐え、挫折感・不安感と共生する能力
- 沈着冷静、客観的に行動する能力
- あらゆる状況に臨んでも失わない自制心
- 状況の変化に対する柔軟性と適応性

（5）　気力とイニシアチブ
- 適度の自信
- 健全な野心
- 起業家精神
- 行動に際しての勇気、イニシアチブ、忍耐力

（6）　倫理と誠実性
- 他人を助力したいと思う心からの願望
- 至誠
- 自己のコンピテンシーの限界を認識する能力
- 過ちを認め、失敗から学ぶ能力

（7）　心身の健康
- 経営コンサルタントの特殊な労働および生活の条件を受け入れる能力

（出典）　ミラン・クーバー、ILO（国際労働事務局）編集『経営コンサルティング　第４版（Management Consulting－A guide to the profession）』生産性出版、429～430頁。

2 人事コンサルタントに お薦めの本

Q ：　先生は歴史・社会・教育・心理など幅広い知職をコンサルティングに活かしているようですが、日頃、たくさん本を読みますか？

A ：　分野を問わず本を読みあさっています。壁にぶつかったらとにかくインターネットでキーワード検索をし、その分野の本を3〜4冊見つけて読み、自分に合う本の中からつまずきに気づいて自分の行動（クライアントへの指導の仕方）を見直します。

　　「愚者は経験に学び、賢者は歴史に学ぶ」といわれますが、歴史（先輩の経験）から知識を習得し、繰り返し実践することで次のステップに活かしていくことが大切です。巻末のお薦め図書一覧を参照してください。

Q ：　人事コンサルタントが備えるべき精神を学ぶために、お薦めの本や言葉はありますか？

A ：　二宮尊徳（江戸時代の農村復興政策を指導した農政家・思想家）の農村再建手法は「尊徳仕法」といわれ、尊徳は経営コンサルタントのさきがけともいわれます。その尊徳の思想（報徳思想）は、経

済と道徳の融和を訴え、私利私欲に走るのではなく社会に貢献すれば、いずれ自らに還元されると説いた、今再び見直されるべきコンサルタントとしての哲学だと思います。何のために人事コンサルティングをするのか、コンサルティングをするためにはどのような考え方でいる必要があるのか、対社会、対会社、対経営者、対社員を考える際に必要な姿勢です。

報徳思想は、「至誠」「勤勉」「分度」「推譲」「積小為大」「一円融合」の6つにまとめられます。

Q ： 報徳思想の想いを一言で表すとどのようなことでしょうか？

A ： 尊徳の歌に、
「もろびとの　苦楽を元に　業にして　勤め尽くさん　幾夜ふるとも」とあります。まさにこの想いでコンサルティングは行わなければなりません。

鉄則
十一

「もろびとの　苦楽を元に　業にして　勤め尽くさん　幾夜ふるとも」まさにこの想いでコンサルティングは行わなければならない。

Q ： 本を読む以外に、コンサルティング力を上げる努力を何かされていますか？

A ： 信念を曲げず、ブレることのない実践こそが日々鍛錬になっていると思います。特に、コンサルタントは、合理性を追求するがゆえに日々悩みを抱えるわけです。悩みの根源は、理不尽な世の中で自分の信念（目指す社会や組織像）を追い求めることからきているものでなければいけません。初めから世の中は不合理、不条理になっているものだと諦めていてコンサルタントができるとは思えません。

たしかに人間の言動は、設備や材料と違い、非常に不合理なものです。不合理ゆえに社会あるいは組織的公正性を合理的に追求することが求められます。組織の中で起きている事象を理解するためには当然、柔軟な考え方が必要で、結果として納得できない不合理なものであるかもしれませんが、結論を出す最後の最後まで、職務の目的（信念）と正義感がなければ、クライアントには暖簾に腕押しな人（コンサルタント）と受け止められ、改善・改革など追求心も絶えてしまうのではないかと私は考えています。

　私の好きな法句経に「己こそ己の寄る辺、己を置きて誰に寄る辺ぞ」という釈尊の言葉があります。自身の成長は何にもとらわれることのない真理の追求にあると思います。そのために真理の敵でもある自分の信念は必要だと思います。その意味で、私は、イデオロギーのない、「不合理でなければ問題ない」とする考え方や社会（法制度）に対して逆に危機感を覚えます。

二宮尊徳の報徳思想

《至　　誠》

至誠とは真心であり、「我が道は至誠と実行のみ」（二宮翁夜話139）という言葉のとおり、尊徳の仕法や思想、そして生き方のすべてを貫いている精神です。

《勤　　労》

人は働くことによって、生産物を得て生きていくことができる。また、働くことを通じて知恵を磨き、自己を向上させることができると説きました。

《分　　度》

人は自分の置かれた状況や立場をわきまえ、それにふさわしい生活を送ることが大切であり、収入に応じた一定の基準（分度）を設定し、その範囲内で生活することの必要性を説きました。

《推譲（すいじょう）》

節約によってあまった分は家族や子孫のために蓄えたり（自譲）、他人や会社のために譲ったり（他譲）することにより、人間らしい幸福な社会ができると尊徳は考えました。

《積小為大》

小さな努力の積重ねが、やがて大きな収穫や発展に結びつくという教えです。小事をおろそかにする者に、大事が果たせるわけがないと尊徳は考えました。

《一円融合》

すべてのものは互いに働き合い、一対となって結果が出るという教えです。例えば、植物が育つには水・温度・土・日光・養分・炭酸ガスなど、いろいろなものの徳が融け合ってひとつになって育ちます。

第3章

人事コンサルティングに必要な知識

1 人事管理の定義と体系

Q ： 「人事管理」「人事制度」とはどういうことを指しますか？

A ： 　戦前の社員と工員との身分制があった頃には、前者の管理を人事管理といい、後者を労務管理と呼んでいました（ちなみに、前者の賃金を給料といい、後者を賃銀という）。ただ戦後の身分制廃止により現在は人の募集、採用、配置、退職、昇進・昇格、能力開発、賃金、福利厚生などの社員を対象にした一連の施策、制度、さらに社員個々を対象とした管理を人事管理といいます（ちなみに、労務管理とは狭義には労使関係を中心とした労働条件管理のことをいう）。

　人事管理には、「集団的人事管理」と「個別的人事管理」という大きなふたつの区分があります。

　また、「人事制度」とは、人事管理のための基準や運営の仕組みのことをいいます。

Q ： 「集団的人事管理」と「個別的人事管理」をもう少し詳しく教えてください。

A ： 「集団的人事管理」とは、社員と経営者という労使関係管理を中

心に、社員全体を対象単位とした人事管理分野です。労働組合が経営者側と交渉しながら決めていく労働条件を示します。

　「個別的人事管理」とは、個々の社員が上司や経営者を当事者とする労使関係を中心に社員一人ひとりを対象とした人事管理分野です。採用、配置・異動、能力開発、処遇、人事評価、目標管理などを示します。

　最近の成果主義人事制度の導入は、企業依存型の人々を対象にした集団的人事管理から自律的個人を中心にした個別的人事管理への転換といえます。

Q ：　人事管理の目的と原則について教えてください。

A ：　人事管理とは、企業を取り巻く経営環境において、長期的に見た組織の維持発展という組織目的を達成するために、人事政策の基本として、

① 　職務分析・職務評価

② 　等級制度に基づく人事計画、採用

③ 　異動・昇進管理

④ 　能力開発（研修）

⑤ 　賃金管理

⑥ 　労働時間管理と勤務体制

⑦ 　作業環境管理

⑧ 　社員のモチベーション管理　　等

について、人材を有効活用するための管理活動のことをいいます。

　これらの諸施策、諸機能には次の原則があります。

1》　経営目的適合の原則

　組織は、経営目的の追求のため組織を取り巻く経営環境の変化に適応していく必要があり、このため組織目的に適合した社員の判断や行動の拠所となる合理的な人事管理基準（規程、基準書など）が

確立されていること。

2》 成果主義・能力主義の原則

　学歴・年齢・性別にとらわれず、役割（職務）、能力、成果に応じて公平に処遇し、社員のモチベーションを高めること。

3》 公開・公明の原則

　規程・基準などを社員に公開することにより透明性を高め社員の納得性を追求すること。

4》 公平・公正の原則

　公開された規程・基準を公平・公正に社員に適用していくことで社員の働きがい、モチベーションの向上を図ること。

2 組織・人事機能の体系

Q： 人事体系とはどのようなものですか？

A： 経営ビジョンおよびこれを実現するために解決しなければならない戦略課題に対応して、人事体系は等級基準を中心にトータル人事システムの運用ルールを記した等級制度が中心にあり、その等級基準に基づき賃金制度、目標管理制度、人事考課制度および能力開発制度などの諸制度があります（図表3－1参照）。

Q： 等級制度がないとどのようになりますか？

A： 等級基準なしでは人事制度の全体は動かすことは不可能です。等級基準書の内容イコール人事考課表の評価内容であれば、等級基準書が必要ない場合もあります。ただ、全体の制度をどのように運用するのかを明らかにするためには、等級制度とその運用を定めた等級基準書は必須です。

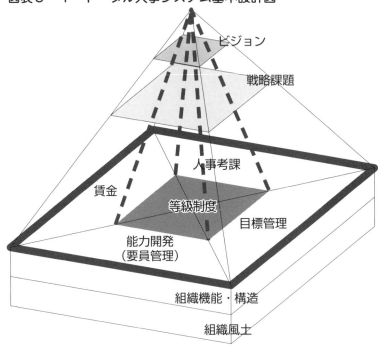

図表3−1　トータル人事システム基本設計図

ビジョン

戦略課題

人事考課

賃金

等級制度

目標管理

能力開発
（要員管理）

組織機能・構造

組織風土

鉄則
十二

人事体系には、等級基準を中心にトータル人事システムの運用ルールを記した等級制度が中心にあり、その等級基準に基づき賃金制度、目標管理制度、人事考課制度および能力開発制度などの諸制度がある。

鉄則
十三

全体の制度をどのように運用するのかを明らかにするためには、等級制度とその運用を定めた等級基準書は必須。

Q ：　人事制度の基本要件にはどのようなものがありますか？

A ：　下記の6点です。

1》組織風土・組織構造

①　経営環境の変化に即応でき、経営戦略や業務形態に合った組織体制となっていること

②　多様性に機能し得る雇用および人事の管理体制になっていること

③　権限の委譲や責任が明確で、組織効率を追求できる体制となっていること

2》等級制度

①　経営戦略に沿って賃金、人事考課、目標管理、能力開発等の管理をするための基軸として機能していること

②　成果主義人事管理のベースとして機能していること

③　組織管理（任用）と人事管理（処遇）の機能を相互に補完していること

3》人事考課制度

①　公平感が確保され、活力ある組織風土を維持、醸成していること

②　目標管理と統合されていること

③　客観的で透明性が高く、納得性が得られること

4》賃金制度

①　労働対価の原則を大前提として、生活保障の原則等の賃金原則が組み立てられていること

②　考課結果（成果）に基づく衡平分配（貢献度比例配分）となっており、モチベーションを引き起こせる仕組みになっていること

第3章

③　要員管理や人件費管理ができる仕組みになっていること

5》目標管理制度

①　経営環境の変化に適応するため掲げた目標・課題に向かって、全社員のベクトルを合わせる仕組みになっていること
②　目標は一定期間内のものであり、重点化されたものであること
③　目標は客観的で測定可能性であり、具体的なものであること

6》能力開発制度

①　能力開発の自己責任制をベースに、能力開発の主体性を明確にした仕組みであること（社員の能力開発を支援する仕組みに重点が置かれていること）
②　経営戦略に沿った人材づくりを目指し、計画的に育成できる仕組みになっていること
③　OJTを主体としたリーダーシップの習得やマネジメント力の育成が図れる仕掛けや仕組みになっていること

③ 等級制度

Q： 等級制度には、どのような種類がありますか？

A： 等級制度には、能力を基準とした「職能等級制度」、職務を基準とした「職務等級制度」、そして現状の職務内容に経営戦略から導き出された職務内容を付加し見直された役割（職務）を基準に、発揮能力（役割行動能力）の発揮度（頻度または発揮レベル）を加え運用していく「役割等級制度」などがあります。

Q： 職能等級制度と役割（職務）等級制度の違いを教えてください。

A： 一言でいうと、「職能等級制度」とは社員一人ひとりの職務遂行能力（保有能力）をベースとし、「役割（職務）等級制度」とは企業から見た職務価値と担当者個々人の業務成果をベースとします。要は、人事管理の基軸を「人」にするのか「仕事」にするのかの違いです。これに連動して基本給の種類が決まります。

図表3－2を参考にしてください。

図表３－２　職能等級制度と役割（職務）等級制度との相違点

職能等級制度		役割（職務）等級制度
社員一人ひとりの職務遂行能力（保有能力）をベースとする制度	基本要件	企業からみた戦略的な期待役割を果たすために割り当てられた役割（職務）の価値をベースとした制度
職務遂行能力（保有能力）がベースとなるため発揮しなくとも評価される（レスポンシビリティ＝行動責任が求められる）	特徴	役割（職務）価値と担当者個々人の業務成果が評価される（アカウンタビリティ＝成果責任が求められる）
職務遂行能力（保有能力）が高まれば昇格（級）できる。原則として降格はない（能力の伸長は無限）。やがて上位等級に大勢が固まり、ポスト不足になる	昇格と任用	組織が必要とする役割（職制や職務）数に制限があるので、その役割に空きが発生したときに昇任できる。役割（職制や職務）がなくなれば離脱あるいは降格することになる
査定昇給と昇格昇給により年功給化し右肩上がりの賃金カーブとなる（職能給）。基本的には、降給はない	賃金	同一役割（職務）同一賃金が基本のため定期昇給はない
等級基準以下のレベルの仕事をしていても等級に応じた賃金が支給される。給与格差は少ないものの、同一職務であっても従事者の個人間賃金差が生じる	問題点	高技能者であっても基準以下の仕事をする場合は仕事に見合った賃金になる。つまり役割（職務）異動で賃金が上下する
ゼネラリスト育成に向いており、人事異動がしやすい。また、資格と役職が分離されており、賃金変動を伴うことなく配置転換が可能となり、組織の柔軟性と処遇の安定性が追求できる	メリット	人件費が抑えられ基本的に自動膨張がない、職務が明確であることからプロフェッショナル人材の育成が行いやすい

『改訂版 役割等級人事制度導入構築マニュアル』（P.204)

Q ： 役割等級制度とは職務を基軸にすると理解していますが、職務等級制度とどう違うのでしょうか?

A ： 役割等級制度も職務等級制度も、基本的には職務（仕事）を基軸とします。役割等級制度は経営戦略上導き出される「ビジネスプロセス」と、ビジネスプロセスにおける必要な機能から展開される職務を、人事管理上、「職務」あるいは「プロセス統合職務」として整理し、これを序列化し管理する制度といえます。これまでの職務等級制度を、会社のプロセス機能的側面から変更を加えたものであり、プロセス機能を果たすための職務行動も重視されることになります。

Q ： 役割等級制度は職務（あるいは仕事）を基軸にした人事制度といわれていますが、そもそも職務とは何かを理解できていないように思います。職務について具体的に説明してください。

A ： 職務とは、「組織が効果的に結果を出すために、組織によって達成されるべき仕事を、個々の従業員によって効果的に遂行されるよう分割された最小の組織単位」をいいます。

そしてこの職務は、3つの要素である、義務（職責）、権限、結果責任の三面等価で成り立っています。これらは、組織の中で各従業員がそれぞれの立場において必ず遂行しなければならない義務、つまり職責を遂行するために必要な権限、そしてその職責にふさわしい結果責任が等価であるという意味です。したがって、この3つの要素を従業員にしっかりと認識させておかなければ、職務が明確になっているとはいえないことになります。

これまでの能力主義管理の中で職務を明確にしてこなかった日本の組織では、この職務概念を認識できていないことが多く、能力、職責（義務）そして結果責任が連動していないという問題が生じています。

第3章

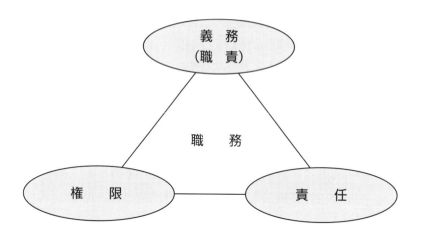

Q ： 職務については理解できましたが、なぜ職務基準にすると成果が達成できるのでしょうか？

A ： 成果が出る理由は、職責を明確化することにあります。これによって、職務の目的を理解・追求することができ、職務遂行に必要な原理原則となる専門知識を継続して高めることになります。また、職責を完遂しようとする自覚ができることから、本来業務に集中することができるようになるのです。多くの企業で、職務が明確でないということは、そもそも目標が明確でないことにつながります。

この職責（義務）には、量的基準、質的基準、時相基準そして方法基準という4つの明確な執務基準があります。これを従業員が十分に認識できていないと、人事制度が業績とは関係のないところで運用されてしまうことになります。4つの執務基準の内容は、次のとおりです。

①どれだけの量を仕上げなければならないか（量的基準）

②どれだけの正確さ、出来栄えに仕上げなければならないか（質的基準）

③いつまでに、またはどれだけの時間の範囲で仕上げなければならないか（時相基準）

④どのような方法でなされなければならないか（方法基準）

　そもそも多くの従業員は、自ら進んで働くことはないという実情や、これからの不透明な経営環境に対応するために組織は従業員個々の職務を明らかにする必要があり、このために仕事基準の人事制度を構築、運用しなければならない時代がやってきたことを真摯に受け止めなければいけません。

Q ： 職務を明らかにすることが、こんなに重要なことだとは思っていませんでした。これからの時代にこれがどのように役立っていくのでしょうか？

A ： 新型肺炎によって働き方改革はどこかに吹き飛んでしまったように見えますが、昨今の外出自粛要請を受けて、リモートワークが積極的に導入されています。そもそも、リモートワークでもできるホワイトカラーの生産性は、量（労働時間）ではなく、労働の質が問われるものです。リモートワークによって、ホワイトカラーの中には自らの価値を見つめ直さざるを得ない状態に陥り、不安を抱いている者が少なからずいるのはこのためです。

　ホワイトカラーの任務は、場所や時間にとらわれず、何よりも組織が期待する執務基準（本質的価値）を達成することにあります。したがって、年功や情実が入らない、執務基準（本質的価値）に賃金を連動させる非常に明解な仕事基準の人事賃金制度の運用が求められることになります。そしてさらに、企業内外における公正性を追求していくためにも、職務分析、職務評価の活用と業績管理システムの構築が重要となってきます。

　今後、生産人口が減少していく中で、多様な働き方の導入や、外国人および社外からの優秀な専門人材採用を柔軟に行っていく必要があることからも、これまでのような内部労働市場だけで通用するような人事賃金制度のあり方も大きく見直さざるを得なくなってくるものと思っています。

鉄則 十四

職能等級制度と役割（職務）等級制度の違いは、人事管理の基軸を「人」にするのか「仕事」にするのかの違い。

鉄則 十五

役割等級制度とは、職務等級制度を会社のプロセス機能的側面から変更を加えたものであり、プロセス機能を果たすための職務行動も重視。

4 目標管理制度

1 目標管理制度とは

Q ： 目標管理制度は誰が提唱し始めたのですか？

A ： 目標による管理は、単なる人事管理のための制度ではなく、マネジメントの手法そのものです。1954年にP. F. ドラッカーが『現代の経営』の中で提唱した組織マネジメントの概念であるといわれていますが、実務においてはそれ以前から存在していたとされています。1963年にエドワード. C. シュレイの『リザルト・マネジメント』が紹介されるに及んで目標による管理が多くの企業に導入されるに至りました。

その後、デール. D. マッコンキーは「組織目標を分析し、それを達成するために上司と部下の双方が合意できる目標を設定する管理プロセスである。その目標は、明確で、数値化され、時限的であり、行動計画を伴うものである。評価面接では、上司と部下の双方が納得した業績基準に基づいて進捗度と目標達成度が評価される」と整理しています。

Q：　上司と部下の双方が合意できる目標とはどのように設定するのですか？

A：　社員一人ひとりの自発的な意思と実行可能性を尊重した形で作成し、目標設定およびその進捗と進行過程、また結果の評価等で上司と部下の意思の疎通を高めることによって、企業内部の風通しをより良いものとすることが可能となります。そして、上司は、PDCAマネジメントサイクル（Plan → Do → Check → Action のサイクル）をより現実に即した形で活用し、部下の働く意欲を刺激し喚起するとともに、助長的視点をもって、目標を達成する支援を実施するということになります。

◤ 図表3−3　デミング・サイクル

① 計画 (Plan)：より適切な目標を設定し、実現プロセスを設計する

② 実行 (Do)：計画を実施し、プロセスを管理する

③ 監視 (Check)：結果を測定、評価し、目標と比較するなど分析する

④ 改善 (Action)：プロセスの改善や規程類の見直しなどを行う

　　ただ、エドワーズ・デミング博士は7つの致命的症状の中で、一貫した目的意識の欠如、目先の利益の重視、達成度査定（ノルマ管理）などを指摘しています。

エドワーズ・デミング博士が述べている7つの致命的症状とは、以下の症状です。

① 一環した目的意識の欠如

② 目先の利益を重視する

③ 達成度査定（ノルマ管理)

④ 管理者の流動性

⑤ 数値のみに頼る企業経営

⑥ 過大な医療コスト

⑦ 成功報酬契約で働く弁護士費用によって増大する過大な保証コスト

2　目標管理の意義

Q ： 目標管理の意義をまとめるとどうなりますか。

A ： 次の5点です。

① 組織目標をブレイクダウンし、個人目標との統合を図ることにより組織効率を向上させること

② 社員個々人の仕事に対する主体性を向上させることと成熟した自律的組織風土を醸成すること

③ 社員の働きがいや自己実現度を向上させること

④ 組織のコミュニケーション機能を強化すること

⑤ プロセス評価において業績評価指標（KPI）を設定することで、業績評価の精度が向上する

KPIとは

　Key Performance Indicator の略称で、重要な目標および戦略などの達成状況に相関性をもった数値であり、この数値を把握・分析することにより目標達成のために必要な対応を検討することができます。想定した KPI に対して予想外の数値が示されている場合、事業活動が目標達成に向かっていないことを意味しており、活動の修正が必要となります。

知温新故　ドラッカー「現代の経営」

　今日会社が必要としているのは、個々人の力と責任に広い領域を与えると同時に、彼らの志や努力に共通の方向を与え、チームワークを打ち立て、個人目標と協同の善とを調和せしめるような経営原理である。目標と自己管理によるマネジメントの原理だけが、共同の利益を一人ひとりの経営管理者の目標とすることができる。

Q：　目標管理制度のほか、業績管理制度という言葉をよく耳にしますが、この2つの相違点について教えてください。

A：　日本では、業績管理は目標管理と混同されていますが、本来、目標管理の対象者が管理・監督者以上であるのに対して、業績管理は全組織構成員となります。また、目標管理が量的なパフォーマンス測定を重視するのに対して、業績管理では質的なパフォーマンスやプロセスも重視することや、日常的なフィードバックやコーチングを重視する点など違いがあることに注意すべきです。昨今、職務を基準とする人事制度である海外においては業績管理が主流で、目標管理制度は死語になっているともいわれています。

　後に説明する「プロセス展開表」を活用した新しい職務分析手法では、組織目標から個人目標までプロセス指標を通して明確にブレークダウンすることができるなど、目標管理と呼んでいますがその内容は業績管理となっていることに注意してください。なお、経営環境の変化に合わせて目標を変更する場合もありますが、この場合は役割基準書あるいは職務記述書の内容変更にあたり、場合によっては等級および職級の変更につながることになりますので注意が必要です。

5 人事考課制度

1 人事考課の歴史

Q ： 人事考課とはいつの時代からあるのでしょうか？

A ： 考課の歴史は律令時代に始まります。平城京（710〜784）におい
て、役人たちの勤務評定に考選木簡が使われていました。

　中国には功過思想と呼ばれる考え方があり、それは大まかにいえ
ば、天は人間の「行為」を逐一監視していて、善い行いには賞を、
悪い行いには罰をその「報い」として与えるというものだったよう
です。なお、考課の始まりである「考課令」は、「考仕令」＝勤務評
定、「課試令」＝登用試験の両方をまとめたものです。

2　人事考課制度とは

Q：　人事考課とは何をするのですか？

A：　「人事考課」とは、一定期間において仕事を通じて発揮された社員各人の「役割行動能力（職務行動）」や「業績貢献度（態度・業績）」を公正に評価することをいいます。この人事考課に基づき「部下指導・能力開発」「賃金管理（昇給・賞与・退職金）」「人材配置（昇進・昇格）」等を行うことから、人事考課は各社員の目標・課題の明確化を行う人事管理の「要」ということができます。

3　管理者の役割と人事考課

Q：　人事考課における管理職の役割は何ですか？

A：　管理者は部下という人材をあずかり、指導育成してその能力を仕事のうえで発揮させ、所管部門全体の生産性を向上させなければなりません。

　そのために、部下をよく知ること、すなわち部下の仕事ぶりをよく観察し、実績を掴み、また能力や持ち味を活かすように仕事の与え方ややらせ方を工夫しなければなりません。すなわち、管理上で活かすことを目的とした人事管理の手続きをいいます。

4　人事考課制度の考え方

Q：　人事考課にはどのような考え方がありますか？

A：　「絶対考課」と「相対考課」があり、「絶対考課」とは考課基準（到達基準）に基づき総合的・主観的ではなく分析的に行う考課をいい、「相対考課」とは人と人との比較で考課することをいいます。なお、

相対区分考課という言葉もありますが、これは成績の分布制限など相対的に成績区分を設定する方法をいいます。

Q :　人事評価と人事考課との違いを教えてください。

A :　言葉としては曖昧に使われていますが、「評価」と「考課」とでは意味が異なります。

　実務的にこだわって使い分けてはいませんが、「評価」は値踏みをすること、「考課」は値踏みされた価値を序列化することです。

　つまり、人事評価とは個々の社員の価値を見ることになりますし、人事考課とは評価された点数を決められたルールに従い並べるということになります。なお、「評定」とは考課に関する責任者全員が審査委員会などで相談して決めることをいいます。

5　考課項目の作り方

Q :　考課要素とは？

A :　人事考課は業績考課と役割行動能力考課によって分かれています。

図表3－4　人事考課要素

1》業績考課

　組織への貢献度評価で、①業績（量）、②業績（質）、③目標達成度、④業務管理（管理職のみ）、などがあります。

2》役割行動能力考課

①ジョブ・スキル：職務を遂行するうえで必要な行動能力をいいます。主に、課題対応力、思考力、対人関係構築力、マネジメント力にかかわる行動特性がこれに当てはまります。

②セルフコントロール・スキル：職務遂行に必要な、それにふさわしい意欲、態度をいいます。主に、積極性、協調性、柔軟性、誠実さなど、個人が業績を出そうと意思をコントロールするための行動特性がこれに当てはまります。

第3章

6 賃金の本質

Q： 賃金にはどのような歴史がありますか？

A： 賃金とは、労働（力）の対価（価格）です。しかし、時代背景、経済事情、社会政策などにより賃金理論は変わってきています。日本においては古くは奈良時代の手工業的技能者（職人）にまで遡るともいわれています。

室町時代頃になると職人歌合（歌合とは、人々を左右に分け、それぞれが詠んだ短歌を左右一首ずつ組み合せて、判者が優劣を判定し、勝負する遊戯のことをいう）にあるように、賃仕事人としての職人（手工業者）が現われ始めたとされています。

また、貨幣経済の発展もあり、当時の貨幣として銀が利用されていたことから「賃銀」が支払われ、年貢にも銭納が行われるようになりましたが、構図的には農民は現物納で荘官が領主に銭納というのが一般的であったといわれています。室町時代になると農民が銭納するようになります。

Q ： 何に基づいた払われ方をしていたのでしょうか？

A ： 明治期の賃金体系はそれまでの伝統、つまり身分差が前提ではありますが、資本制工業生産様式に切り変えるための新たな技術の習得を目的に「技倆刺戟的等級別能力給」「賃業給」とされ、あくまでも能力を刺激するような形態がとられていました。

Q ： 出来高というわけでもないのですね。現在の賃金体系になるのはいつごろなのでしょうか？

A ： 明治末期から大正期になり労務管理が徐々に形成されてくると、勤続給を中心とする生活賃金的な配慮がなされた年功的な賃金体系が成立し、それは戦前（昭和初期）まで引き継がれることになります。

　　また、昭和初期の不況の中で職務給を模索する動きもありましたが、その後のさまざまな戦時統制の中で、労働移動も禁止され、初任給も低く設定されたうえに、決められた定期昇給しか認められないなど、家族手当など家計補助的な手当の支給はされましたが、結局は年齢、勤続年数を最も基本的な柱とした賃金となっていました。

Q ： 職能給になったのにはどんな経緯がありますか？

A ： 既に述べたように、もともと技能習熟で支給される能力給は存在していました。ただ、戦時統制においてすべてがリセットされたと思われている戦後の賃金史の見方に問題がありそうです。

　　例えば、今日の職能給および生計費理論の源は、昭和19年の「日本的給與制度」（労働科学研究所）にあるといわれています。

　　戦後60年間の賃金体系については、終戦直後の低く抑えられた固定的な賃金による生活難から生活費に基礎をおいた「電産型賃金体系」が成立、その後、経済安定期に入り定期昇給制度が多くの企業で確立されるなど、「勤続給体系」、そして「能力給体系」と移ってきたものとされています（この「電産型賃金体系」に能力給とあり、これが職能給の原型ともいわれている）。

この間、職務給の動きもありましたが、1969年に日経連から報告された『能力主義管理』によって一気に能力給体系に傾いたとされています。

Q： その後は職能給の限界が叫ばれ始めましたよね。
A： そして現在、バブル経済崩壊に中高年者と技術革新など時代の要請に適応できなくなった人の過剰労働力と技術革新の中で賃金水準は停滞し、また、能力中心から仕事中心への賃金となってきました。この間に出てきたのが日本の過去を否定するような今の成果主義人事制度です。

◣ 図表3−5　賃金の歴史

時　　代	賃金の種類
室町時代頃	賃仕事人としての職人（手工業者）が現われる
明 治 期	伝統的身分差が残り、「技倆刺戟的等級別能力給」「賃業給」で能力を刺激していた
明治末期～大正期	労務管理が徐々に形成されてくる
昭和初期まで	勤続給を中心とした生活賃金的な配慮
昭和20年代前半	ＧＨＱ（米国労働諸問委員会）の指導もあり、職務給が追究される
昭和20年代後半	「電産型賃金体系」の出現
昭和30年代	定期昇給制度が多くの企業で確立される中、職務給化の動きが再び強まる
昭和40年代	「能力主義管理」報告（日経連）
昭和50年代	高度経済成長の中、職能給が全盛期を迎える
バブル経済崩壊後	過剰労働力と技術革新が進む中、年功序列・終身雇用・企業内組合という三種の神器が崩壊。能力（人）中心から仕事中心の賃金へ移行
現　　在	役割給への移行

Q： 戦後日本の報酬制度の特徴は何ですか？

A： 戦後日本の報酬制度の特徴は①予定調和性、②一律性、③序列性です。

　予定調和性の「予定」というのは将来ということです。将来的に報酬がどうなっていくかです。その予定というのは日本の場合、年齢、年功です。予定調和性が非常に高いわけです。しかもきっちりした賃金表（号俸表）があり、将来の賃金が読みやすかったのです。しかし、欧米の場合はそうではありません。仕事が変わると賃金が変わることから予定調和性は低いものといえます。

　次に一律性。ジョブローテーションをしたところで賃金は変わりません。品質保証部に行き、営業部に異動したとしても結局、賃金は変わりません。一律性があるから公平感も高かったわけです。どこの部署でも同期と同じくらいの賃金がもらえるから公平感があります。

　最後に序列性。これも年功です。これは大変、安心して働ける仕組みです。

　それが現在は欧米的になりつつあるのです。仕事あるいは役割によって賃金が変わるので、将来にわたって読めるということはありません。ポスト、職種など仕事の価値によって変わるようになってきたのです。

7 賃金水準管理の 考え方

Q ： 賃金水準管理とはどういうことがありますか？

A ： 賃金水準の管理については、ふたつの流れがあります。ひとつは「昇給額管理」であり、もうひとつは「絶対額管理」です。最近の低率ベア等に伴い、前者の昇給額決定方式は実質的にその機能は薄れてきています。そして絶対額で賃金を決める傾向が強くなってきたといえます。今年の春闘で電機大手において、成果主義賃金体系の下で「賃金水準維持」の交渉が出てきたのは、象徴的な動きです。

Q ： 絶対額管理はどのように管理する方式ですか？

A ： 絶対額管理は、生計費、能力、職務等の個別銘柄別に賃金水準を設定し、管理する方式です。その際参考とするのは、賃金センサス、民間モデル賃金、また標準生計費等のデータで、会社規模別、業種別、学歴・年齢・男女・役職別等の水準が発表されています。

Q ：　昇給額管理から絶対額管理に移行している理由は何でしょうか？

A ：　賃金原則から考えると絶対額管理が当然なのですが、多くの中堅・中小の会社では賃金表を持たず「昇給額」で昇給をさせているのが現状です。

　昇給額管理であると、ベアと定期昇給の区別がつかず、また青天井で賃金が上昇してしまいます。

　絶対額管理では、賃金表を持ち「ベアと定期昇給の区別」「労働力の付加価値に適応した賃金の設計」「上限賃金の設定」を行い、年功賃金から能力・成果・生産性にふさわしい賃金となります。

第3章

8 賞　　与

1　賞与の歴史

Q ： 賞与とはそもそもどういうものでしょうか？

A ： 賞与の始まりは「餅代」から発展したものといわれています。

　江戸時代、暮れになると商家や職人の主人から番頭・手代へ「餅代」という名で包み金が支給されました。また、住込みの丁稚・手代が唯一休める盆正月の藪入りには、主家から田舎へ帰るための“心付け”、小遣い“小遣銭”とお仕着せが支給されました。そこから明治維新後、近代産業の成立とともに「賞与」が生まれました。賞与が慣習的賃金とされている理由です。

2　賞与の考え方

Q：　賞与は何だと考えたらよいのでしょうか？

A：　大きくは以下の2つです。

①　生活保障的賃金（賃金後払い）

　賃金と同様に、賞与に関してもある程度の生活保障機能があります。例えば「住宅ローンを組んでいる社員が多いので、会社として賞与をむやみにカットすることができません。」というような話をよく聞きます。これは、生計費の赤字補填部分として、あるいは月例賃金の後払いでという意味での生計費調整機能というものが、社会慣行を含め賞与の役割としてあるからです。

②　功労報奨金（会社業績配分）

　一方には、成果配分や功労報奨の機能も重要なファクターとして包含している業績調整機能があります。社会慣行を背景に賃金後払い説も包含したうえでの生活費調整機能と、業績の社会的格差や中長期業績と短期業績のギャップを調整する役割も、賞与は果たしているのです。

　多くの企業では、固定賞与部分プラス業績連動賞与部分という形で賞与の中身を分けて算出することにより、この2つの機能を賞与に持たせています。

第3章

3　賞与総額管理

Q : 　賞与原資はどのように決めますか？

A : 　賞与原資の求め方には、付加価値基準、売上高基準そしてコスト改善高基準の3種類があります。

　付加価値を基準に賞与原資を算出する方法は、ラッカープランといいます。

① 　賞与総額原資＝（所定期間の付加価値総数×適正労働分配率）－同一期間の既払給与総額

② 　業績賞与＝（所定期間の付加価値総数×適正労働分配率）－（同一期間の既払給与総額＋既払固定賞与）

③ 　業績決算賞与原資＝年間目標超過付加価値×適正労働分配率
　　年間目標超過付加価値＝年間実績付加価値－年間目標付加価値

　売上高を基準に賞与原資を算出する方法はスキャロンプランといい、「生産高（売上高）×人件費率－既払賃金等の人件費×0.75」となります（0.75は25％を企業に分配するという意味）。

　売上高、付加価値高の実現された成果ではなく、原材料費や人件費のコスト改善高に連動させて賞与原資を算出する方法は、カイザープランといい、「（実績原価－標準原価）×労務対原価比率」となります。

4　賞与算定方式

Q：　賞与の算定方式について教えてください。

A：　以下の３類型が考えられます。

多くの中小企業で採用されているのが、「算定基礎額×一律支給月数」という算式ですが、業績配分を意識した個人賞与額の算式は、下記のとおり３つの類型に分けることができます。

算式１は、すべて掛算ですから、何かひとつ悪ければ全体が下がる（例えば一生懸命個人が頑張っても、部門業績が悪かったら金額が落ちる）という方式です。算式３は算式１および算式２の折衷的な方法ですが、複雑になり、わかりやすさに欠けるところがあります。

なお、賞与算定基礎額が年功的に運用されていることが多く、近年、退職金制度同様にポイント式賞与制度が主流となってきています。また、今後の時代変化の中で、職務を基準とした賃金制度が拡大してくれば賞与を廃止し、本給に統合され支給されることになってきます。

図表3－6　賞与算定方式

算式1

算定基礎額×支給月数×部門業績係数×個人成績係数

算式2

（算定基礎額×一律支給月数）＋（算定基礎額×査定分月数×部門業績係数×個人成績係数）

算式3

（算定基礎額×一律支給月数）＋（算定基礎額×部門業績配分月数×部門業績係数）

＋（算定基礎額×個人成績配分月数×個人成績係数）

『改訂版 役割等級人事制度導入構築マニュアル』（P.280）

9 退職金

Q： 退職金という制度はいつからあるのですか？

A： 退職金の歴史は日露戦争前に始まります。日清戦争後、農村に帰っていく下士官を引き留め、陸軍の兵力を維持する策として山県有朋が作ったとされています。しかし、第1次大戦後急速に好況が去り人員整理しなければならなくなったとき（大正の終りから昭和の初めにかけて）には、追出し策として普及しました。

大企業のホワイトカラーには、明治時代から恩恵的給付としての退職金が存在していました。

Q： これからの退職金はどうあるべきでしょうか？

A： 退職金は長期勤続者に有利だったものが、これからは貢献度に応じて上がるか、退職金カーブが放物線型になっていきます。したがって、勤めれば勤めるほど多く出るわけではありません。退職金なしという選択、前払いということもありますし、退職金そのものをなくしていくこともあります。

そこで、退職金が「定年を前提とした長期決済型年功賃金＋退職金」の位置付けではなく「短期決済型成果主義報酬」の一部になっ

てきています（退職金前払いや退職金廃止はこの例といえます）。
前者をペイレイター、後者をペイナウといいます。

　また、独自の退職金・年金会計制度であったものが国際的に受け
入れられる会計基準に変わってきています。時価主義への移行です。

　一般的な退職年金において新会計基準では、社外積立分も合わせ
て、包括的に退職給付債務の現価を開示することが要求されるため、
この「隠れ債務」が顕在化することになりました。また、退職一時
金についても、退職給付債務の評価方式が、従来の期末要支給額基
準でなくなりました。

◤ 図表３−７　退職金制度を取り巻く環境の変化

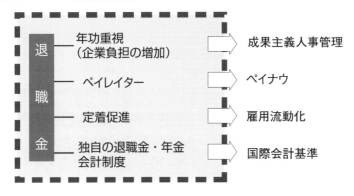

『改訂版 役割等級人事制度導入構築マニュアル』（P.287）より

10 人事制度改革と 組織の7S

Q ： 人事を変えれば会社が変わると思っている社長が多いように思います。支援する立場として何に気をつけるとよいですか？

A ： 人事制度を万能のように考えるのは非常に危険です。たしかに人は最も重要な資源ですから、人の行動能力に目がいきがちで、「人事制度を変えれば、あるいは、賃金に格差をつければ…」などと考えてしまうのでしょう。しかし、それは大きな過ちです。組織の7Sというものがあります。

Q ： 組織の7Sについて教えてください。

A ： この7つは、ハードの3Sとソフトの4Sに分かれます。
《ハードの3S》とは、「戦略」「組織構造」「システム」で、比較的着手しやすいとされています。
《ソフトの4S》とは、「共有価値」「経営姿勢」「スタッフ」「技能・スキル」で、トップダウンでも変化させにくいものです。
　人事制度を革新することは「システム」の一部となりますが、その影響は大きく、残りの要素（6S）にも及ぶのはたしかです。これら7Sのバランスのとれたデザインができなければ、人事制度だ

けを変えても問題が起きるだけです。ここ数年いわれている成果主義の失敗のほとんどは、人事制度の設計面からしか人事を見られない人事コンサルタントおよび人事担当者の責任です。

▨ 図表3－8　組織の7S

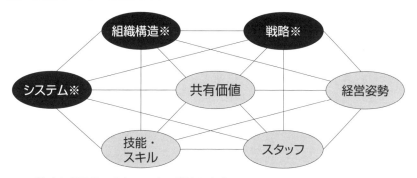

戦略を効果的に実行して高い業績を達成するには7つの要因を戦略的に適合させることが重要である（ウォーターマン）

『改訂版 役割等級人事制度導入構築マニュアル』（P.132）より

　また、組織改革のためには、2つのアプローチがともに不可欠です。ひとつは「構造的アプローチ（クールアプローチ）」といい、最適な組織構造を操作、変革し、組織目標を達成するものです。もうひとつは、「動機付けアプローチ（ウォームアプローチ）」といい、組織の個人に直接人間的な働きかけをして動機を高めることで、組織目標を達成することです。前者は目に見える「ハードな構造の変革」を、後者は組織の海面下深く根差している組織文化など「ソフトな構造の変革」を指しています。

　組織改革のために、目に見えてわかりやすい人事制度の再計画を実施するのは、前者のアプローチにあたります。しかし、多くの企業でその成果を見出せていないのは、目に見えない、確かめにくいソフトな構造にメスを入れることなく変革をしようとしていることが原因です。

　ただ、組織改革には、この2つのアプローチのバランスが重要で

すが、昨今、急激な社会経済の変化において、組織パフォーマンスが追求されたことによるストレスから人間の精神的側面が再び重視され始めてきています。特に人事コンサルタントはその傾向が強くなってきておりバランスが崩れているように感じます。

　1930年代に行き過ぎた科学的管理法の反動から人間関係論が一世風靡した結果、人間の感情的側面が注目されるようになりましたが、これだけで組織の生産性を向上させるとは必ずしもいえないことは明らかです。

　既に述べたように、コンサルタントは経営管理上抱えているさまざまな問題点に対して人事制度的側面から解決を図るための能力が必要になります。このためコーチングなど人間的側面を重視するとしてもこれと同等の経営管理知識やその管理体制の構築ノウハウを得ていなければアンバランスなコンサルティングになることを自覚し、厳しい考えをするならば、人事コンサルタントと名乗るのではなくその分野での専門家として組織に貢献するべきです。

鉄則　十六

　　組織７Ｓのバランスのとれたデザインができなければ、人事制度だけを変えても問題が起きるだけ。ここ数年いわれている成果主義の失敗のほとんどは、人事制度面からしか人事を見られない人事コンサルタントの責任である。

11 グライナーの成長モデル（組織の成長と衰退）

Q : 会社の成長段階で起きる問題は異なりますよね。『グライナーの成長段階』の図が衝撃的だったのですが。

A : グライナーは組織の成長には設立されてからの経過年数（年齢）と規模が大きく影響するものと考え、図表3－9のように進化と革命が繰り返される5段階に区分した成長モデルを唱えています。

社員数が増えていけばいくほど、経営者の意思（指示）が伝わらず、顧客クレームあるいは納期遅れが発生するなどの事象が起きやすくなります。しかし、その問題を対処できてもすぐに「喉もと過ぎれば熱さ忘れる」という状態になってしまいます。

Q : グライナー成長モデルは、会社の歴史が50年あったとしても、人数が10人程度だった場合、第1段階で留まるのでしょうか？それとも第1段階から第2、第3段階が抜け、急に第5段階のチームとしての協働することもあり得ますか？

A : 私は、成長段階とは経営の成熟度であり、規模（社員の人数や組織の数）や歴史は直接的には関係がないと考えています。経営成熟度とは「顧客本位に基づく卓越した業績を生む経営体質」になって

図表３－９　グライナーの成長段階

	第1段階	第2段階	第3段階	第4段階	第5段階
組織の規模 大／小　進化の段階　革命の段階	創造性による成長　1.リーダーシップの危機	指揮命令による成長　2.自主性の危機	権限委譲による成長　3.コントロールの危機	調整による成長　4.形式主義の危機	協働による成長　5.新たな危機？
経営の力点	製造および販売	業務の効率化	市場の拡大	組織の吸収・合併	問題解決および革新
組織構造	インフォーマル	集権的職能別組織	分権的地域別組織	ラインスタッフ製品別組織	チーム別マトリクス組織
経営スタイル	企業家型／個人型	命令型	委譲型	番犬型	参加型
コントロールシステム	売上責任	業務責任と原価責任	報告制度と利益責任	事業計画と投資利益責任	対話型目標設定
マネジメント報酬の強調点	所有	固定給と業績加給	個人ボーナス	利益分配持株制度	チームボーナス制

『改訂版 役割等級人事制度導入・構築マニュアル』（P.342）

いるかについて「経営の仕組みの有効性」を意味し、第１段階から第２段階、その次へと成長していることに気づかないことは考えられるかもしれませんが、第１段階から第５段階へ飛ぶということは考えられません。

　なぜなら、人の成長と同じように組織やシステムにも段階的な成長があると考えられるからです。ある段階で留まり、成長を続けられない会社は十分にあり得ることです。

Q ：　創業からの年数のほかに、成長段階をどのように見分けることができますか？

A ：　決まりのない状態からプロセスを構築し、定義・検証し、管理し、またこれを継続的に改善し最適化しながら組織文化を変革させていくという過程において、どの程度、人が関われるかだと思いますね。

　成熟度（成長段階）が上がらなければ、なかなかプロセスの定義も管理もできないので、同じ問題を繰り返し発生させてしまいます。そのような状態に陥っているのが多くの会社ではないでしょうか。

　自分自身で問題に気づき、自分でプロセスを変更・強化し、グループと協働しながら顧客の要求に応えるレベルにどこまで近づいているかで見分けることができるでしょう。ただし、その段階までに成長するには、相当に時間がかかると思います。

鉄則　十七

会社の成熟度（成長段階）が上がらなければ、定義も管理もできず、同じ問題を繰り返すことがある。

第4章

人事コンサルティングの受注活動

1 人事コンサルティングの受注から指導までの流れ

Q： 人事コンサルティングの全体の流れを教えてください。

A： 人事コンサルティングの全体の流れは図表4−1のとおりです。これからそれぞれのステップについてお話しします。

　まずは、コンサルタントとしての能力・実績の棚卸しをしたうえで、依頼してきた会社の方針・ニーズ・期待される内容を的確に把握することから始めます。

　予備診断以降の「本診断」については、予備診断報告の結果を踏まえ、実際の指導に入ったことを表します。さらに詳細な診断をし、人事制度の提案だけの場合もありますし、診断と並行して運用できるまでの制度設計をする場合もあります。

図表4－1　コンサルティングの流れ

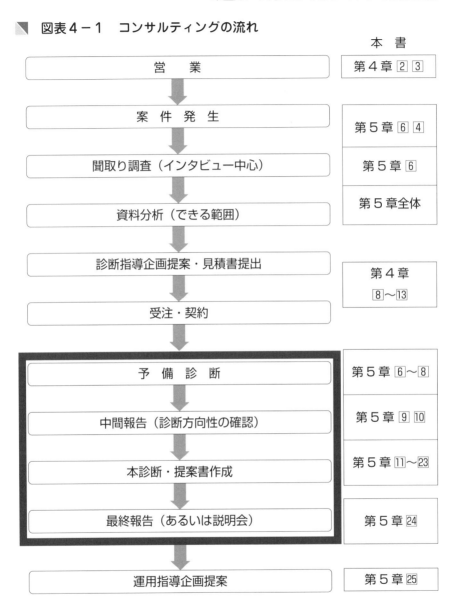

	本　書
営　業	第4章 ② ③
案 件 発 生	第5章 ⑥ ④
聞取り調査（インタビュー中心）	第5章 ⑥
資料分析（できる範囲）	第5章全体
診断指導企画提案・見積書提出	第4章 ⑧～⑬
受注・契約	
予 備 診 断	第5章 ⑥～⑧
中間報告（診断方向性の確認）	第5章 ⑨ ⑩
本診断・提案書作成	第5章 ⑪～㉓
最終報告（あるいは説明会）	第5章 ㉔
運用指導企画提案	第5章 ㉕

第4章

② 仕事の開拓

＊＊＊

1　種まき

＊＊＊

Q：　人事コンサルティングを必要としている会社も多いと思うのですが、どのような種まきが有効だと思いますか？

A：　必要だと感じている会社と出会うためには、まず自ら行動しなければなりません。異業種交流、経営者団体への参加、勉強会、自身が主催するセミナーなどで講師をすること、ニュースレター等の発行はもちろん、雑誌への投稿、本の出版もこのための種まきになるでしょう。最近ではホームページやブログでの情報発信もあります。

　コンサルティングでは会社の内容を細部にわたり知り得ることになるので、その情報が他社に洩れるのではないかという心配から、コンサルティングで関わった会社が同様に求めている会社を知っていても紹介を拒む可能性があるため、通常の営業と異なるところです。逆に紹介を受けるということはコンサルタントをとても信頼してくれている、つまりそのコンサルティングが成功しているということになるでしょう。

Q：　種まきをするうえで注意することは？

A：　やみくもに種まきをすることよりも、地域、顧客規模、産業、提供サービスという分野に分けて、競合他社（者）と差別化できる内容でセミナーを企画する、あるいは講師を引き受けることをお薦めします。

　　既に顧問先が多い方は、顧問先を一堂に集めての勉強会を年に何度か実施するのもひとつの手です。この勉強会は自分だけではなく他のコンサルタントを活用すれば、普段とは異なった視点を経営者に与えることができるでしょう。また、懇親会などをセットすることで経営者同士が交流する機会をつくることができます。互いに解決の糸口を見つけられるきっかけや、商売のネットワークを広げるお手伝いもできます。もちろん勉強会や懇親会でのコンサルティングのPRを忘れずに。なお、ターゲットの地域や産業にセミナーDMを打つのであれば、アンケート調査を行い、ターゲット顧客の実態を把握することも大事です。

2 営業ツールの作り方

Q ： どのようなツールを使って営業をすればよいでしょうか？

A ： 会社概要、経歴書、専門分野などをはじめ、これまでに実践した内容、特に、顧客の課題をまとめ課題別に提案内容から指導内容まで整理したプレゼンテーション（アプローチ）ブックを持つとよいでしょう。経歴書はスキルを理解してもらうものですので、スキル表ともいえます。業種、案件名、期間などを書いておくとよいでしょう。定期的に営業のためのパンフレットを作成することで経歴の棚卸しにもなります。

　また、相手の記憶に留めてもらうために営業ツールとして、初回訪問後には自分の信念が入ったお礼の葉書を出すことも相手の記憶に残すための手段として必要です。

3 提案営業の実践

Q ： 提案営業の実践方法を教えてください。

A ： 紹介およびセミナーにおいて案件が発生したら

① すぐに電話をして挨拶をする
　　できれば訪問日を決める
② 早いうちに訪問をする
　・初回訪問時には先方のニーズをしっかりと確認する
　・初回訪問でキーマンである経営者の話は聞いておきたい
③ 訪問時に聞いた内容を踏まえて企画提案書を作成する
④ 企画提案書は顧客が驚くほどに競合先よりも早く出す
⑤ 第2回目の訪問をする
　・企画提案書の説明を中心に実施
　・前回の打合せ内容の確認および前回以降に変化した状況を確認

・最後に出た話と企画内容の改定部分を整理、確認

・次回の訪問日時を決定

Q： 経営者と直接お話ができる場合と、人事担当者の場合とでは、進め方に違いがありますか？

A： 経営者ではなく検討を任せられた人事担当者だけでは企画は通らない可能性が高いため、社内のネゴシエーションをどのようにし、賛同者をどう説得するか、経営者が決定するまでの過程をシミュレーションしながら聞いて進めます。説明の際にできる限り、担当者からの質問を引き出すように説明をします。

　最終企画提案までには経営者に必ず会って要望を確認します。

　この段階で前回と矛盾する話が多く出た場合は、まだ進行中の話であり決まるまでの時間が必要と判断され、後は多少の雑談をしながら今後の企画提案のための競合情報などを探るようにします。

温故知新　孫子の兵法

　「先に戦地に処りて、敵を待つ者は佚し、後れて戦地に処りて戦いにおもむく者は労す」

　「善く戦う者は、その勢いは険しく、その節は短し」

　戦い上手は常に先手をとって、敵の機先を制す。動きが素早く、その狙いを外さない。それでこそチャンスをものにできるのです。

3 ニーズを探す

Q ： 「相手の言葉からニーズを探し出せ！」なんてよく聞きますが？

A ： 顧客の話を捉え、他社事例紹介をしながら同じ苦しみを抱えている仲間意識で相手の気分を休ませ、実状を話していただくような雰囲気を作ることです。また、現在の取組みの中で、ふと洩らす愚痴の一言を聞き逃さないようにしておくことも重要です。

Q ： 相手の言葉を聴き取るチカラが必要ですね。

A ： そうです。本来顧客がどんなニーズを持っているかにアプローチするだけでも十分顧客から選択され、資源を集中させることが可能となります。ニーズを掴もうと思ったら、日頃からどういう行動を起こさないといけないかをイメージする必要があります。

相手のことを分析するには、さまざまな資料が必要です。例えば、取引銀行に協力してもらうとか、図書館に行ってデータを集めるとか、あるいはその顧客に関係する同業者組合があるならそこからのデータをいただき、それについてどういう傾向にあるのかを分析しておくことです。

Q ： 　ニーズを探るためのマインドとは？

A ： 　恋愛と同様に、相手の性格や嗜好、友人関係など相手を取り巻く
環境を調べ、相手に好意を寄せるライバルがいるならこれを分析し、
自分の時間やお金などを効果的に使い、相手と話をするとかプレゼ
ントをするなどのように、普段から自身で行動していることです。

　いずれにしても、競争に勝つためにはまず「知る」ことから始め、
最終的に相手に満足してもらい選択してもらう行動をとらなければ
なりません。ビジネスも同じです。

Q ： 　経営者の中には、賃金や賞与が自動的に決まる仕組みをほしがる
方もいますが？

A ： 　やみくもに賃金表をほしがる会社が多いですね。勉強のためであ
れば他社の事例を出すのもいいでしょうが、導入するということな
ら他社の賃金表を出してもまったく無意味です。

　ほしがるということは、経営者がどこかに賃金の根拠を求めてい
るか、他社のものを真似て楽がしたいということでしょう。しかし、
なぜ楽をしたいと思うのか？　そこが大きな問題です。

　社員が増えてくると社員それぞれが働きと賃金を意識するように
なり、格差があるにしてもそれに公正に応えなければならなくなる
からです。賃金以外で会社に対する社員の不平・不満の声が背景に
あるのなら、賃金表だけでそれを解決することはまったく不可能で
す。

4 受託困難なケース

Q ： 人事コンサルティング依頼を受けても受託困難なケースはありますか？

A ： コンサルタントのポリシーにより異なるとは思いますが、単なる賃金カット、経営者に明確なビジョンがなく無責任な発言が多い、最近まで人事コンサルタントが入っていたことがある、分野の異なるコンサルタントが既に入っているなど、コンサルタントとしての信念に反すると判断されるケースです。

コンサルタントには繊細な感受性も必要であり、何度か話をした段階でさまざまなリスクを思い浮かべているはずなので、そのリスクが多いほど結果を出せないという可能性が高くなります。不安が多い場合は、双方のことを考え受託はしないことです。チャレンジすることも学習（経験を積む）のためには必要ですが、無理な受託は必ずコンサルティングの途中で避けて通れないほど大きな壁として表面化していきます。

経営者の後ろ盾なくして抵抗勢力と戦うことは、よほどの条件が揃わなければ勝ち目はないと考えるべきです。

Q： 体験を重ねたいので、チャレンジしたい気持ちがありますが。

A： よきパートナーの専門家がいる場合はその壁も破ることができるでしょう。この場合、他の専門家をコーディネートする能力も必要となります。

　今後、ますます会社の抱える問題が複合化されてきますので、人事制度といえども一人で解決することは到底無理だと考えるべきです。チャレンジも成長には大切なことですが、甘く考えてコンサルティングを始め、途中で無理なことがわかって辞めた場合、損害賠償責任を追及される可能性もあります。

Q： 最も受託しないほうがよいと思うのはどんなケースですか？

A： 個人的には、依頼をしてきた割にはこちらの話もろくに聞かず、初めからコンサルティング報酬ばかりを気にしている顧客の受託は考えものです。（小さな（報酬）額ではないので経営者が気になるのも理解できますが）コンサルタントは経営者の熱い気持ちを感じれば、報酬に関係なく受託し、コンサルティングをすることを理解していない人ですから。

　切羽詰まっているなど困っている人を見て見ぬふりをしているようではコンサルタントとしては不適格といえるでしょう。

鉄則　十八

　経営者の後ろ盾なくして抵抗勢力と戦うことは、よほどの条件が揃わなければ勝ち目はない。

鉄則　十九

　不安が多い場合は双方のことを考え受託はしないこと。チャレンジすることも必要だが、無理な受託は必ずコンサルティングの途中で避けて通れないほど大きな壁として表面化する。

5 成果主義が失敗と いわれる原因

Q ： 成果主義イコール失敗なのでしょうか？

A ： 　結果だけを見て処遇に反映させる、単なる賃金の格差をつける、人件費を抑制する等の理由で成果主義を導入していることが失敗原因だと思います。それ以外に、以下のようにいくつかの原因がありますので確認してください。

① 　会社の業種や成長段階（成熟度）に合わせた人事制度でなかった

② 　評価結果に関する不平不満
　・評価結果に納得できない
　・評価者の評価能力に問題がある
　・目標の難易度がバラバラで不公平
　・できる社員に重い目標が集中してその社員がつぶされた

③ 　人事部門による中央支配と序列管理の温存

④ 　公平性の追求による、制度の精緻化

⑤ 　ビジョンなき人件費の削減

⑥ 　日本の風土文化（日本人の思想）を軽視した制度の導入

Q ： 成果主義イコール失敗なのではなく、制度に心が入っていないなどが原因となっているようですね。

A ： ビジネスである以上、成果を出すのは当たり前のことです。どのような人事制度であっても、まずは成果主義を基本にしなければなりません。

　　成果主義の狙いは社員一人ひとりの活性化と、それによる組織の活性化です。賃金を触らなくても目標管理制度の導入によるミッション・ビジョンや、危機感の共有化、経営戦略の落とし込みだけで十分に社員は活性化し、業績は回復に転じます。したがって、結果とプロセス（結果に至る過程、つまり行動）を正しく導き出し、これを客観的に評価できるような指導を心がけましょう。

Q ： 欧米的なものの考え方にも無理があるのではないでしょうか？

A ： それもあります。成果主義人事を導入する際に、「組織は2：6：2といわれ、上層の2を大切にすることで組織全体が活性化する」という意見もありますが、果たしてそうでしょうか？　これはあまりにも欧米的な発想であり、組織の本当の力は上層の2よりもむしろそれより下層の人材によって支えられていると考えたほうが日本的なのではないでしょうか。無駄な人材など組織にはいないということです。

> **鉄則 二十**
>
> 成果主義の狙いは社員一人ひとりの活性化と、それによる組織の活性化。賃金を触らなくても目標管理制度の導入によるミッション・ビジョンや、危機感の共有化、経営戦略の落とし込みだけで十分に社員は活性化し、業績は回復に転じる。

6 顧客アプローチ

Q ： どの会社においても、人事制度に目を向けさせる必要はあります
か？

A ： 無理に人事制度に目を向けさせる必要性はありません。コンサル
タントから見て明らかに人事制度の問題であると判断できるとき
は、人事制度を改定しなければならない目的をよく考えましょう。

人事コンサルタントが陥りやすいミスに、人事制度を変える（設
計する）ことが目的になってしまうことがあります。

「会社ビジョン策定を支援するための組織のあり方」「商品開発力
強化のための人事システム再構築」「経営資源の重点配分のための
組織人事システムの再構築」など着想を変化させ、取り組ませるこ
とも可能です。また、社員意識調査などで社員の意見を聞くのもひ
とつの手です。

Q ： 決定権を持つ人を見分ける方法はありますか？　見分けた後はど
のようなアプローチが有効でしょうか？

A ： コンサルタントを導入するか否かは、報酬金額が高いだけに決定
まで時間がかかるのが普通です。ただ、依頼の返事を待たされてい

る間に、アドバイスや資料を求められ、その都度対応すればコスト
がかかるだけでなく、無料でコンサルティングをしていることにも
なりかねません。決定権を持つのは基本的に会社代表権を持つ人間
となります。しかしコンサルティング費用は大きくなるため、決定
に際し重大な影響を与えるオピニオン・リーダー的な人材や複数の
キーマンを味方につけ決定することも少なくありません。

　企画書提案前に作成のための資料の提示（あるいは他者のインタ
ビューなど）を要請しても躊躇することなくあっさりと拒まれる場
合や、企画書提案後に意見や要望がまったく出てこない場合は、当
て馬かほぼ間違いなく決定権がない方と判断できます。

Q ： 決断をしてもらうためにどんな働きかけをすればよいですか？

A ： 　誰しも第三者が企業に入るということには抵抗を示すものです。
ただ、決断し、覚悟をすれば、決算書を隠さず出し、すべてを任せ
る姿勢が見られるようになります。経営者の革新を実現していくた
めの強い使命感、確固たる信念が後押しするのです。H.A. サイモ
ン教授は「経営は決断である」とし、決断の過程を

　① 　情報

　② 　設計（問題解決案をいろいろ出していく）

　③ 　選択（解決策の中から、もっとも好ましい案を採択する）

　④ 　反省（活動を振り返ってみて、どうであったかを反省する）

という4つの活動からなるとしています。コンサルタントの導入を
決断してもらうためには、経営者が経営目標に沿った情報を集め、
整理してもらうために、コンサルタントとしては臆することなくこ
れを支援するための情報を提供することです。

◤ **図表４−２　決断の過程**

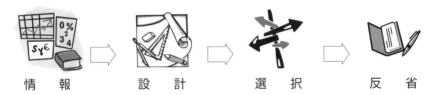

情　報　　　　設　計　　　　選　択　　　　反　省

コンサルタント導入を決断してもらうためには、経営者が経営目標に沿った情報を集め、整理してもらうために、コンサルタントとしては臆することなくこれを支援するための情報を提供すること。

7 会社を見るポイント

Q： 依頼の話があったときに、その会社の問題点と体質のようなもの を見分ける必要があると思うので、ポイントがあれば教えてくださ い。

A： まず、コンサルティングを依頼されるということは何か問題が既 に起こっていると予測できます。できることならインタビューをさ せていただき、何が問題だったかを時系列順に追っていくことです。 そうするうちに、つじつまが合わないことが発見できます。事件・ 事故を隠し、奥歯に何か挟まった感じで話をすることもあります。

コンサルティングを依頼してきた理由は別に何かあるのではない かと疑問に思うことです。本当の理由を隠していることが多いから です。

ポイントは、その問題が会社全体に影響を及ぼす出来事か否かで す。

次に、複数のコンサルタントに相見積りをお願いしている会社、 あるいは電話やホームページだけを見て見積りを依頼してくるよう な会社は、既に依頼先を決めておきながら社内決裁のために他社を 活用しようとしているとも考えられます。

Q： どのように見分けたらよいのでしょうか？

A： 「決める前に企画書だけでなくコンサルタントに会いたい」という会社は、ほぼ間違いなくコンサルティングを依頼することを決めている会社です。依頼の会社に問題があることが前提となっていますが、「当たり前のことを当たり前にできている会社かどうか」という視点は必要です。ただ、忙しいコンサルタントほど、急な要望に応えられないというジレンマに陥りますが、やむを得ません。

Q： 当たり前のこととはどのようなことですか？

A： まず、社員が規律を守っているか、つまり基本動作はできているか、経営数字は理解できているか、業務や職務内容は明確になっており改善が進めやすい基準が設けられているかなどです。

Q： そのほかのチェックポイントはありますか？

A： 以下に挙げる点をチェックしてください。該当すれば要注意です。

① 社員の覇気がない、社員が上目遣いでものをいう（自律的に考えられないなどの背景がある）

② 経営者が夢・精神論ばかりを語り、現場で指揮をとっていない

③ 経営者が高級車に乗り、交際費ばかり使っている

④ 社員ではなく社外人脈ばかりを自慢している（分を外れている）

⑤ 新しい建物なのに汚れている

⑥ 設備投資をしているが、そのタイミングがずれていて不景気に飲み込まれると同時に借入金が膨らんでいる

⑦ コンサルタントが過去に何人も入っている（短期間の場合はさらに注意が必要。なぜならあきらめやすい、新しいもの好きで飽きっぽい、社員に浸透させる指導力不足である可能性がある）

⑧ 経営者が教育投資もせず設備投資ばかりして、社員を駒（機械）、または無能だと思っている

⑨ 経営幹部や社員が借入金の多さを知らず、倒産の危機をまったく知らない

Q ：　経営者や経営幹部・社員との関係はチェックする必要がありますか？

A ：　会社の中にはさまざまな類型があります。

①　オーナー経営者で他の役員が実質は奉公人のような会社

②　オーナー経営者は一線を退き、プロパー社員から経営者が誕生している会社

③　親会社からの天下りを経営者にしている会社

④　資本関係、特に金融機関から再建を任されている経営者の会社などありますが、いずれにしても決定権者が誰かということが重要です。決裁額の範囲もありますが、代表権のある役員にいちいちお伺いを立てなければならないような会社の場合は、指導に入ってからもプロジェクトが進まなくなる危険性を内包しています。

　労使関係についても、労使協調路線の会社、労使が対立してきた会社などいろいろあります。イデオロギー的にすべて反対、経営を考えず要求ばかりするという労組もあり、労使の関係はさまざまです。ひとつだけいえることは、最も大切なことは普段の信頼関係であることは間違いないということです。人事コンサルタントとして関与し、経営者と労働組合のコミュニケーションの促進が図れ、信頼関係が構築できるよう正々堂々と支援をすることが必要です。

鉄則二十二

人事コンサルタントとして関与し、経営者と労働組合のコミュニケーションの促進が図れ、信頼関係が構築できるよう正々堂々と支援をすることが必要。

8 相見積りへの対策

Q： 相見積りに対してのアプローチで、キーマンがどんなことに心を動かされるのかを知りたいのですが。

A： 基本的にはキーマンが要望以上の内容を提供してくれると感じたときです。同じような提案内容で迷ったときには、「このコンサルタントは逃げずにリスクを共有してくれ、最後まで支えてくれる」とコンサルタントの人間性に共鳴したほうに決定するでしょう。

コンサルタント自身が自分でできる以上の企画書を書き、提出することはできませんが、相見積りの場合、相手（競合先）の内容が確認できるのであれば事前に確認しておきましょう。

金額を教えてくれることは少ないですが、キーマンとしてはより良い内容にしてほしいわけですから確認をしていく中でヒントを与えてくれることも多々あります。また、競合先と同じ内容であっても表現方法によっては顧客が勘違いをする場合もありますので、これも詳しく企画書に示すか、説明をすることです。

Q ： 競合先と同じ内容であっても表現方法によっては顧客が勘違いをする場合とは、どういうことでしょうか？

A ： 企画書だけ見ると同じ内容なのですが、詳しく書くだけでたくさんの指導をしてもらえると勘違いしてしまう経営者もいます。

　以前、某会社で競合先から提案されてきた企画書を見せてもらったところ、たしかに詳細に書かれているのですが、他社で使い回された企画書を社名だけを変え複写機でコピーしたものであることが明らかにわかるものでした。しかし、経営者は提案段階まではそちらに惹かれていました。多くの中小企業をだますコンサルティングファームの姿がそこにありました。

Q ： ほかに心がけることはありますか？

A ： 企画書は必ず3日以内に出すことを自分に課していました。大手コンサルティングファームはひな型をたくさん持っているので会社名だけを変えて持って行くことが多いようです。それと差別化するには先行するしかありません。先行すれば、修正で再訪問したときに他社の内容を教えてもらえることもあります。教えてもらえなければ当て馬にされているか、決定権のない人と話をしていると考えられます。

鉄則 二十三

キーマンは、コンサルタントが要望以上の内容を提供してくれると感じたときに心を動かされる。

9 契 約 書

Q ： 契約期間はどれくらいが妥当ですか？

A ： 会社の規模にもよりますが、通常のケースとして、人事制度の運用を真剣に考えているならば、等級制度、賃金制度、人事考課制度および目標管理制度の設計、導入まで行えば業務遂行に1年間は十分にかかります。

Q ： 契約書にはどのようなことを書くのでしょうか？

A ： 法律上は民法の規定が根底にあります。契約書を作成する場合は、最低限でも次の点を明確にしておきます。

① 契約の当事者

② 契約の趣旨・目的

③ 契約の成立時期・有効期間

④ 契約の対象・目的物

⑤ 双方の権利義務の内容

また、顧客からの要請があれば、守秘契約を別に結ぶこともあります。

Q ： 見積りを出すまでの予備調査等はありますか？

A ： 予備調査は必要ですが、決定するまでは会社のさまざまな資料を見せていただけないことが多いです。拠点数、社員数、職種数、人事労務に関係する規程類は、ある程度見ておかなければインタビューの日数、基準書の数、格付け作業、賃金分析の時間、賃金表の設計時間、人事考課表の作成時間、人事考課ケースの作成時間などを見積もることはできません。

　資料が出てこないにしても、経営者をはじめプロジェクトに参加されるであろう経営幹部にインタビューだけはしておきたいものです。キーマンの発見にもつながります。

Q ： 契約書を交わすときに、特に気をつけることはありますか？　また、再委託契約についての考えを聞かせてください。

A ： 契約書については、既に提案内容を前提に合意を得ていますので、契約書の中にもこれに従ってコンサルティングすることを明示し、再度確認をすることが大切です。

　なお、パートナーと連携してコンサルティングを提供する場合、あるいは一部を委託する場合もありますが、これに関しては慎重に検討しておく必要があります。

　私の場合、必ず何らかの高い頻度あるいは長い期間での接点があり、人柄（責任感）、専門領域およびその実績と所属組織はもちろんですが、そのときの取り組み姿勢とアウトプットの品質を評価したうえで、パートナーとして契約書に氏名を明記し交わしています。クライアントへの全責任は当然、契約主体者が被るのですから当たり前のことです。

　また、クライアントからの要求が専門分野外あるいは自分では要求に応えられないと判断した場合は、そもそもクライアントへの責任を全うすることができないことは明らかですので、クライアントに専門家の紹介はしますが、そこを自身が主体者となり契約をすることはありません。

なお、第2章第1節でコンサルタントの倫理について述べましたが、倫理規定では「両当事者および両当事者の属する組織の代表者の了解のある場合を除き、専門家など人の斡旋は一切行わない。了解を得て専門家など人の斡旋を行った場合でも、それに関わる一切の金品は受け取らない」とされているのが一般的です。コンサルティングファームがコンサルタントの品質を担保せず斡旋し、どれだけ顧客との間でトラブルを起こしているかを考えれば、この規程が存在することの重要性がわかると思います。

> ダウンロードデータ　委託契約書

10 報　　酬

Q： 人事コンサルティング報酬の実態を教えてください。どのように金額を算出するのでしょうか？

A： 正直なところコンサルタントの実力・実績あるいは所属する組織によりピンキリです。常時１日20万円以上の報酬、3,000万円以上の年間収入になれば一人前といわれることもありますし、1,000万円以上で一人前といわれることもあります。

前者は大手コンサルティングファームで、後者は小規模あるいは独立コンサルタントともいえます。コンサルティング報酬については月１日稼働が10〜15万円で、月２日稼働×１年間（12ヵ月）の240〜360万円の指導料に別途、テキスト・資料代、宿泊交通費（営業エリア外の場合）を請求しているのではないでしょうか。

コンサルタントの報酬は、顧問の場合、プロジェクト指導の場合、１日あるいは半日の場合、１時間の場合とそれぞれに決めています。基本的に１日は５〜６時間として10万円以上です。

ただ、半日あるいは１時間の場合であっても結局のところ移動で１日あるいは半日ということになりますので、半日であってもほぼ１日分、１時間であっても半日分（５万円以上）が報酬の相場のよ

■ 図表4−3　見積書の出し方

あなたの請求額はいくら？

1）報酬

| 1日 円 | × | 月 回 | × | ヵ月 | = | 円 |

2）テキスト・資料代　　　　　　　　　　　　　　　　円

3）宿泊費・交通費　| 1日 円 | × | 回 | = | 円 |

1）＋2）＋3）＝　　　　　　円

うです。

　中小企業診断士の倫理規程第10条には「不当に低い報酬などにより診断業務の委託を争ってはならない」とも書かれていますが、単価を低くすることはある意味、自身の価値を自ら下げていることになりますので、よく考えることです。

Q：　請求は終了時に行うのですか？

A：　請求方法としては、前払金（契約時）、中間払金、精算金（契約期間満了時）の数回に分割する場合、稼働の都度、または毎月請求のパターンがあります。

　プロジェクト型で大きなプロジェクトになりコンサルタントが複数になる場合には、イニシャルコストを考えると前者が妥当です。

Q ： 1人で関わる場合と複数で関わる場合では、報酬は異なるのでしょうか？

A ： 基本的には稼働日の積上げ方式で報酬額は決まりますので、当然、異なってきます。ただ、受注した金額に合わない場合は、役割分担あるいは稼働時間の調整で対応することになります。顧客へのサービス提供価値＝報酬額と考えれば、価値を認めてもらえるだけのスキルを身につけ、単価が上がることを目指すしかありません。

第4章

11 営業・プレゼンテーション

Q： 商品としてどんな見せ方をすればよいですか？

A： コンサルティングの提供サービスは無形であるために、なんとか他社との違いを見せ、納得してもらう必要があります。これにはコンサルタント自身の信念はもちろんですが（コンプライアンス上、他社での指導事例を直接的に見てもらい、話すことはできないものの、）過去のコンサルティング事例を簡単にでもまとめておく必要があります。

Q： どのように事例をまとめておくのですか？

A： コンサルタントの能力の棚卸しをし、コンサルティング・ノウハウを日頃から整理しておくことをお奨めします。自分自身が商品であり、自分自身を売り込むことで、その結果、お客様に「1年で○○○万円」と値踏みされるわけですから、自分自身の価値を高めるしか方法はないのです。

　棚卸しした能力や資料は分野別、課題別に整理し、事例を付け加えてアプローチ・ブックとして活用できるようにしておくことです。

孫子の兵法

「彼を知らずして、己を知れば、一勝一負す」

　相手のことを知らなくても自分のことを知っていれば勝てる確率は5割になるということです。

　自分には何ができて、何ができないのか、それを知って初めてすべきことができるようになるのです。

Q：　企画書の説明をするときに、説明する順番や重点的に話すように心がけていることがあれば教えてください。

A：　いきなり企画書の説明に入るよりもまず場の空気を和らげましょう。新聞の紙面や雑誌の引用、自分自身の心境を正直に話すなどします。つい緊張して早口になることもありますが、緩急をつけ、間を入れながら話しましょう。強調したいことを大きな声で言う、ゆっくり話すことで逆に強調できることもあります。話の進め方は、以下のとおりです。いずれにしてもこの提案がベストであることを伝え、決断を促します。

図表4-4　話の進め方

StepⅠ　序論
・アイコンタクトを心がける
・相手（と自分）の表情の確認
・ゆっくり話す
・一つひとつの言葉を強調し、相手を引き込ませる

StepⅡ　本論
・コンサルティング内容の説明
・途中途中で具体的質問を受け、確認する

StepⅢ　結論
・敬意を払い、検討してもらう
・導入した場合の期待される効果を再度、説明し確認する。

Q： 相手に好印象を与えるためにどのようなことをされていますか？

A： 自分自身をさらけ出し、すべて見てもらうことです。自分の言葉で相手が理解できるように参加者の目や表情を見てわかりやすく話をすること。理解できていないという目や表情をしていたら、再度、具体的、丁寧に話を繰り返します。逆に、関心を示した箇所も同様に丁寧に話を繰り返します。経営者や人事担当者は普段から採用などをしており、人を見る目は長けています。

Q： コンサルティングの仕事を増やすために何をされていますか？

A： 露出度を高めることもひとつです。セミナー講師を行ったり、今まで培ったノウハウなどを書いた本を出版する方法もあります。初めての依頼者に会うときには、少しでも理解してもらえればと本を持って行きます。

そしてなによりも大切なのは、自信を持つことです。相手の心配事を解決する姿勢を見せ、相手に「この人の言うことは信じられる」と感じてもらうことです。

仕事を増やすためにネットワークを作る方もいるでしょう。志を果たすために動く、一つひとつの仕事をしっかりすることでつながりができるという場合もあるでしょう。

Q： 経営者はどのようなことに興味を示しますか？

A： いうまでもなく「利」のあることについてです。

コストが下げられるのであれば、コンサルタントにお金を使ってもよいと思うくらい利に対して関心があります。ただ、「子いはく、君子は義において喩り、小人は利において喩る」とあるように、経営者は損得よりも善悪を考えて行動することが求められます。

また、利とは「子いはく、民の利するところに因りて、これを利す。斯れまた恵して費えざるにあらざるや」とあるように、真に民（社員）のためになること、民（社員）も納得することを行うことです。つまりは社員を信じ、社員の頑張りによって生産性が向上す

るということ、それが「利」です。その結果、売上、生産高が上がり、コストが下がれば利があるということになります。また、売上や生産高がそのままでもコストが下がれば利があるということになります。コストが少し上がっても売上がぐんと上がれば利があります。

　もうひとつ経営者として重要なことは、近江商人の家訓にある「先義後利栄」（世の中の役に立つことを先にして利益追求を後にすれば、商売繁盛し利益が生まれ繁栄するという教え）という考え方です。商いは利潤を追求することが第一ではなく、常に義についてまわるものだと考えられていたのです。

Q ：　人件費もコストのひとつなのですか？

A ：　人件費をコストとみなすか投資とみなすかで変わってきます。「人件費が経営を圧迫している」と思っている経営者は多く、「人件費をどうにかしてほしい」という話が多いのは事実です。

　結局、利益確保の方法であるということです。人件費を削減したくても一律に下げるわけにはいきませんので、人事制度を見直すという方法をとりたがるわけです。そういう場合には業務改善をするためにまず目標管理制度を導入します。これを賃金制度より先行導入します。

Q ：　企画書作成のポイントを教えてください。

A ：　企画書の内容は次の表のとおりです。

第4章

1）序文（経営理念あるいはビジョンの振返り）
2）今回の企画提案の背景
3）人事労務問題に関する統計数字
4）資料分析結果
5）想定される関心事＝解決方策、目指す成果
6）コンサルティング手順
7）コンサルティングの特徴
8）コンサルティングのスケジュール
9）コンサルティング費用、支払条件
10）担当するコンサルタント名とその肩書き
　　（コンサルティング体制）
　　コンサルティング実績
11）コンサルティング上の留意点

ダウンロードデータ　人事制度構築指導企画書

Q ： どのような点に注意し、お話をされるのですか？

A ： 　基本的には、ビジュアルツールなどを活用し訴えるように努力します。五感の情報収集率は視覚60％、聴覚20％、触覚15％、味覚3％、嗅覚2％といわれています。

◤ 図表4－5　五感の情報収集率

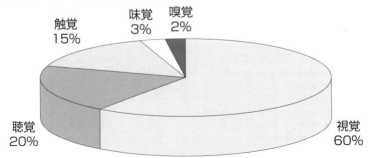

相手の立場に立ち、相手の悩みを解決するような話で引きつけます。危機感と期待感の両方を持たせるのがポイントです。コンサルティングの過程において会社の協力がなければ起こり得るトラブルを事前に説明し、経営者、経営幹部の結束をお願いすることも大事です。

提案は最善と思われる1案ですが、もう2案程度考えておき相手に選択の幅を与えるとよいでしょう。

Q ： 企画書はいわゆるシナリオなのですね。

A ： 私の場合は、企画書作成に相当なパワーを使います。企画書そのものの見映えというのではなく、その会社を指導するシミュレーションを頭で何度も行い、リスクを洗い出し、頭の中でコンサルティングをイメージしておきます。現実は抵抗にあい、シミュレーションどおりに進めることは難しいのですが、シミュレーションで考えた指導内容と解決策はほぼ着手しています。企画書作成前までにかなり頭を使っています。

Q ： そのほかに気をつけている点があれば教えてください。

A ： つい力が入ると早口になってしまいますが、早口であるなどの癖は気をつけています。

また、プレゼンテーションの場を関係構築の場にするよう対話型で進めることは、企画を納得してもらうには効果的です。

話し方は自信をもって言い切ることです。「……と思います」では顧客は不安になるだけです。キーマンの知りたかったことをおさらいし、キーマンの言葉を借りて説明するのも好印象を与えます。

最後にはこれからの問題解決（診断指導）へ踏み出してもらわなければなりませんから、不安にさせない、むしろ勇気付けできるよう成功イメージを植え付けることも必要です。成功事例があればそれを話すことですが、不安の元を解消するような話法・傾聴をしていくことです。

提案は最善と思われる１案だが、もう２案程度考えておき相手に選択の幅を与える。

企画書作成のときには、指導するシミュレーションを頭で何度も行い、リスクを洗い出し、頭の中でコンサルティングをイメージしておく。

12 受注・クロージング

Q : 金額が高いだけにうまくクロージングができないのですが……。

A : 当然です。便利になるとわかっていても高い買物をするときは誰しも躊躇するものです。ただ、自分（経営者）や経営幹部ではできなかったことをコンサルタントが1年関与することで実現できるわけですから、少なくともその会社の経営幹部クラスの年収と同等あるいはそれ以上の報酬をもらうことに異論はないでしょう。それだけの費用対効果が見込めることをいうべきです。説得することよりも企画内容に納得してもらうことです。最終的には決定者に「君に任せるよ」というコンサルタントとしてのパワー（オーラ）を感じてもらうことです。これは日頃から人間力を高めるよう自己を磨かなければなりません。

Q : 成約するまで、どれくらい足を運んだらよいのでしょうか？

A : 成約するまでに4回程度の訪問は覚悟しておきましょう。金額が高くなるほどにその回数は増える傾向にあるものです。会社の業績によっては、案件そのものが消えてしまうことさえ多々あることも理解しておきましょう。

鉄則 二十六

クロージングするときは、説得することよりも企画内容に納得してもらうことが大切。

鉄則 二十七

最終的には決定者に「君に任せるよ」というコンサルタントとしてのパワー（オーラ）を感じてもらうことである。これは日頃から人間力を高めるよう自己を磨かなければならない。

13 コンサルタントの コンプライアンス

Q ： コンサルタントのコンプライアンスにはどのようなことがあります か？

A ： まず、クライアントの機密情報の漏洩を防ぐためにも、明らかな 利害相反関係にある同業2社以上の診断指導業務を同時に受託しな いことです。

また、クライアントが機械設備等の購買をする際に、クライアン ト以外の利益を目的として斡旋紹介をすること、人事の斡旋紹介を することも原則として行わないことです。それがクライアントの利 益、診断指導の目的を達成するためであったとしても行ってはなり ません。

そして、他のコンサルタントまたは会社・団体について、考え方 の違いを明確にする必要はありますが、それ以上に誹謗したりする ことは、結果として自身の尊厳を損うことにつながりますので避け ることです。

第5章 人事コンサルティングの実践

1 分析のための資料

Q ： いよいよコンサルティングが始まりますね。診断書作成のため、
どのような資料を提出してもらいますか？

A ： 下記のとおりです。コンサルタントは提出された資料に責任を持つ
こと、分析に必要ないものまでもらわないこと、など注意してくださ
い。

▎ 図表５－１ 調査実施のために企業からいただく資料

調査項目	調査・分析資料
１．労働生産性と人件費シミュレーションによる損益予測 　一人当たり売上高（部門別etc）、一人当たり利益、売上高対人件費比率、労働分配率 　売上予測および人件費予測（３～５期分）	財務諸表（３～５期分） 同業者の有価証券報告書（３期分）
２．労務構成 　①　労務構成（現在および将来） 　②　採用計画、退職率調査	社員一覧表（台帳）、採用実績、退職実績 労務構成シミュレーション

3．等級制度	
①　等級規程調査	コース転換基準
②　昇級運用調査	昇級・昇進実績、管理職比率、女性管理職比率
4．人事考課制度	
①　人事考課規程調査	考課要素、考課段階、人事考課表、
②　考課運用調査	人事考課結果（3〜5期分）
5．目標管理	
①　目標管理規程調査	目標管理規程・目標管理シート類
②　目標管理運用調査	達成度評価実績
	ヒューマンアセスメント等
6．賃金制度	
①　賃金調査	賃金台帳・賃金プロット
②　賃金水準調査（初任給・学歴別・平均賃金・階層別・性別・職種別）	賃金規程、昇給実績・賞与配分実績、賃金カーブ
③　賃金配分調査（定昇・ベア）	標準者賃金統計（各都道府県および商工会議所などの調査）
④　賃金形態（時給・日給・日給月給・月給・年俸）	
⑤　賃金体系、賃金項目構成比	
⑥　退職金調査	退職金カーブ、退職金規程
7．組織風土	
①　社員意識調査	社員意識調査票、社員意識調査結果
8．組織管理	
①　組織構造、組織機能調査	組織図、組織規程（業務分掌規程・職務権限規程、業務管理規程、稟議規程など）
②　諸機関（委員会・会議体・プロジェクト体）	諸機関一覧表
③　経営関係の基本的規程	取締役会規程、常務会規程、監査役規程、役員規程（役員就業規則）経営方針書、経営計画書など

第5章

9．労働条件勤務管理		
① 労働条件調査	就業規則類・就業実態	
	労働条件通知書・雇用契約書	
② 就業実態調査	労働統計資料	
③ パートタイマー雇用実態調査	パートタイマー就業規則	
④ 福利厚生調査	福利厚生施策実績、慶弔見舞金規程、	
	社宅管理取扱規程、持家借上げ取扱	
	規程貸付金規程	
⑤ 安全・衛生実態調査	安全衛生管理規程、安全衛生委員会規	
	程、車両管理規程、通勤車両管理規程	
	など	
10．労使関係管理		
① 労働条件調査	労働協約・労使協定	
	労働者代表選出方法	
② 労使関係調査	労組機関紙	
11．能力開発制度		
① 教育訓練体系	教育訓練コース実績	
② 取得資格調査	資格取得実績・公的資格取得報奨規程、	
	自己啓発援助規程、自己申告制度規程、	
③ 教育訓練規程調査	資格免許取扱規程	

ダウンロードデータ　調査実施のために企業からいただく資料

② 会社の戦略との一致

Q： コンサルティングに入る前に教えてください。どのような視点や心構えで会社と向き合えばよいですか？

A： 会社の明確なビジョンが当然あります。そこに向かってどう展開していくのかという戦略があり、その戦略に従った形で組織の骨格や組織のルール化とかあるいは人材配置などがあります。人事制度はこの一部ということです。つまり、「人事制度全体を会社の戦略に合わせた形で構築していかなければビジョンは達成できない」という発想で、役割等級人事制度を構築する必要があります。

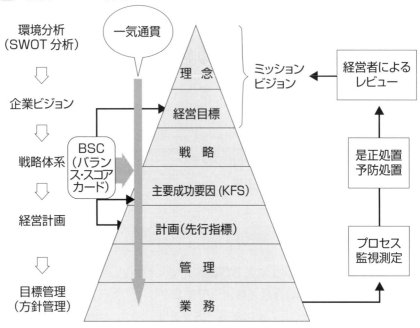

■ 図表5－2　戦略シナリオ

『改訂版 役割等級人事制度導入・構築マニュアル』（P.154）

Q：　人事制度は経営戦略を実行し、ビジョンを達成するための一部なのですね。

A：　そうです。もっと考えなくてはいけないのが、この根底にある風土ですね。組織風土であるとか、日本の風土を無視した形でルールを作ることは絶対に不可能なわけです。

Q：　「風土」を改革することはできるのですか？

A：　人事制度を変えたとしても、組織風土はそう簡単に変えることはできません。人事制度の構築過程において、やはり個々の社員の内面にまで立ち入らないことには、改革を進めたとしても、結局、組織風土改革まではできないのです。

Q：　経営方針が明確でないとどのようなことが起こりますか？

A：　西郷南洲翁遺訓には「賢人百官を総べ、政権一途に帰し、一格の国体定制無ければ、縦令人材を登用し言路を開き、衆説を容る共、取捨方向無く、事業雑駁にして成功有るべからず。昨日出でし命令の、今日忽ち引き易ふると云様なるも、皆統轄する所一ならずして、施政の方針一定せざるの致す所也」とあります。

これは、賢人や多くの役人をひとつにまとめ、政権がひとつの方針に進み、国がひとつの体制にまとまらなければ、たとえ立派な人を登用し、上に対する進言の路を開き、多くの人の考えを採り入れるにしても、何を取捨選択すればよいかの一定の方針がなく、あらゆる仕事はばらばらでとても成功どころではない。昨日出された政府の命令が今日は早くも変更になるというようなのも皆、統一するところがひとつでなく政治の方針が決まっていないからである、ということです。

経営者がいろいろと日々、思いついたことや他の経営者やセミナーなどで仕入れた情報を、即良かれと思い指示命令する場面をよく見ますが、多くの社員は能力があっても混乱をし、不安になり、挙句の果てに言われたことしかやらないようになり、結果、組織はばらばらになるのです。

社員が自分で判断でき経営に参画意識を持つためには、まず経営理念や経営方針など判断するための価値基準を示すことが、どうしても必要となります。

鉄則　二十八

人事制度は経営戦略を実行し、ビジョンを達成するための一部であり、組織風土や日本の風土を無視した形でルールをつくることは絶対に不可能。

③ ミッション・ビジョン

Q ： ミッションは必要ですか？

A ： あなた自身に置き換えて考えてみてください。

あなたは何のために社労士業あるいは他の士業を営んでいるのですか？　ただ資格を手に入れたからですか？　多くの方が今更ながら考えさせられる問いではないでしょうか？

そもそもミッションとは、キリスト教布教のための伝道（団体）を意味しており、布教に値するだけの使命感で組織や自身の存在意義そのものをいうのです。旧約聖書にもありますが、豊かになれば人は神様を忘れてしまうのと同じことがミッションの実態に当てはまるのではないでしょうか。

《コンサルタントにとっての「ミッション」チェックポイント》

☐　大事にしている意義や理念はありませんか？

☐　士（業）法の第一条には何が書かれていますか？

☐　皆さんはそれを意識し、業務に励んでいますか？

Q：　ミッションを導き出すにはどうしたらよいですか？

A：　次の質問をインタビューのときに聴くのもよいでしょう。

《経営者への「ミッション」ヒアリングポイント》

　　　☐　何を志して創業し、何を受け継いできましたか？

　　　☐　誰に対して何を提供してきましたか？

　　　☐　同業他社にない自社独自のものは何ですか？

　　　☐　自社の活動において最も重視してきたものは何ですか？

Q：　ビジョンを明確にする必要はありますか？

A：　ビジョンとは、ある時点での会社の到達点（将来像）を表します。到達点がなければ、社員全員で何を目指しているのかわかりません。ビジョンとは「定量目標」「事業ドメイン」「ポジション」「経営変革基盤」の4つの要素から構成されています。自社の意思（価値観）を明らかにします。例えば、「顧客数（知名度）で地域（エリア・市・区・県）ナンバーワンの社労士事務所を目指す」などです。それを勝ち得るためには、中長期の目標を作り、社員、顧客や社会に表明することが必要なのです。

　　　ビジョンを明確にし確認できた場合、同業他社と差別化を図り、それを達成するための方策を考えなければなりません。それが「経営戦略」です。

Q：　企業経営には経営理念が必要ですね。しかし、きちんと考えず他社の真似をした、親の代から決まっていたなど、現在の経営理念に対し、すっきりしていない経営者もいます。そのような場合に経営理念を変えてもよいと思いますか？

A：　難しい質問です。変えるかどうかは時と場合によります。経営理念とは「不易流行」そのものであり、「変わってはいけないもの」が時代や流行の中で「変わるもの」と交差して、「変わってはいけないもの」がますます深まり「新しい不易」として形成されるのです。

第5章

不易には流行によってもまったく変わらない不易と、流行によって根本は変えず個性を活かす新しい不易があるのです。つまり、経営理念は変えなくてもよい場合もあるし、伝統（源流）を守りつつ経営理念を変えることがあってもよい場合があります。

ビジョンとは、ある時点での会社の到達点（将来像）を表すものであり、社員全員で目指していくものである。ビジョンとは「定量目標」「事業ドメイン」「ポジション」「経営変革基盤」の４つの要素から構成され自社の意思（価値観）を明らかにするものである。

4 ビジョン・経営目標の確認

Q： 会社の経営目標がない場合はどうしたらよいでしょうか？

A： 経営目標は経営理念を具現化した目標であり、具体的な数値や成果を提示して定められるものです。

経営目標がなければ会社に策定してもらうしかありません。第三者が策定できるものではありませんが、資金繰りの心配もあり売上目標数字だけは頭の中だけでも押さえている経営者は多いはずですから、はじめに確認をしてください。顧問税理士と連携するのも良い方法です。

Q： 経営目標が抽象的で明確でない場合はどうしますか？

A： そういう場合は、目的とその目的のために何を実現したいのかを明確にし、目標設定することが必要となります。

コンサルタントとしては経営者に質問を投げかけながら明らかにするのですが、「経営者の価値観は何か？」「目的が明確になっていない理由・背景は何か？」など診断の中で情報を集めていく過程において目標も具体的になってくるものです。

また、人事コンサルタントとしての関与の方法としては、目標管

理制度での目標設定会議、実行計画案作りや人事考課制度における
目標に対しての公正な評価のために経営目標を活用していくことに
なります。

Q : 経営目標をきちんと伝えている会社は全体の何パーセントぐらい
でしょうか?

A : 経営目標のない会社は実際には存在しませんが、私の経験上、中
小企業ではほとんど明確になっていません。明確になっているとし
ても「画に描いた餅」の状態です。中規模会社では5社中1社、小
規模会社になると10社中1社程度ではないでしょうか。

Q : 経営理念やビジョンに即した行動を導き出すために、どのような
ステップを踏んだらよいでしょうか?

A : 経営幹部と社員全員がわかりやすく、実践しやすい行動規範とす
るには、全員で意見を出し合い作成し、全員で守っていくという気
持ちを大切しなければなりません。

Q : 全員で意見を出し合うとは理想的な姿ですが、実務的に"全員で"
は難しいと思うのですが?

A : そのためには次のステップで行いましょう。

① プロジェクトチームを設置し、

② フレーム案を作成し、

③ 経営幹部をはじめ多くの社員のヒアリングをし、

④ 原案を作成し、

⑤ さらに原案に対してアンケートを取り意見を反映します。

取引先の利害関係者など社外の方々との意見交換もできれば最高
です。基本は参画型で規範を導き出すことです。

ある会社では、毎朝、経営理念と行動規範を唱和させているのに、
私が社員に「貴社の経営理念は何ですか?」と尋ねると、「そんな
もの当社にはありませんよ。」と答える始末です。経営者が熱心に

いろいろな勉強会に参加し、立派なミッションやビジョンを考えられるのもよいのですが、それを社員に浸透させていないようでは時間とお金が無駄になります。「笛吹けど踊らず」になりかねません。

Q： 行動規範が出来上がったら、行動が伴っているかは人事考課表などでチェックしたらよいのでしょうか？

A： 目標管理や人事考課はもちろん、表彰制度を設けるのもよいでしょう。行動規範をクレド（信条）にまとめ、全社員に持たせ、朝礼で唱和するだけでなく、日々の行動をミッションに照らし合わせて皆で確認することです。また、経営幹部や管理監督者も部下指導については「何か思い悩むことがあれば、クレドを思い出そう」と話をするような習慣付けをし、クレドに基づき無意識に行動していくよう浸透させることです。

電通では「鬼十則」、京セラは「京セラフィロソフィ」という行動規範を持っているようです。

私の指導先では、会議で経営理念の文言の一つひとつがどのような意味を持ち、どのように日常と関わっているのかを考えることで確認しています。なかなか実感できないからです。そして、朝礼で身の回りの出来事や世間で起きた事柄に対し、一人ひとりが自社の経営理念に照らして、どう判断するかを述べるようにし、ミッションの理解を深めるようにしました。

経営の神様・松下幸之助氏は「会社経営に成功する3つの条件」として、「1つめは絶対条件で、経営理念を確立すること。これができれば経営は50％は成功したようなものである。2つめは必要条件で、一人ひとりの能力を最大限に活かす環境をつくること。これができれば経営は80％成功である。3つめは付帯条件で、戦略戦術を駆使すること。これを満たせば経営は100％成功する」と述べています。

第5章

Q : 経営目標を明確に伝えることができない経営者も多いようですがなぜ、できないのでしょうか?

A : 一言でいうと、経営者自身に具体的なイメージがないからですね。資源の使い方や組織構造のあり方などをビジョン化しなければなりません。また「夢(物語)ですよ」と言い切る方もいますが、そう考えず「何を実現すべきか!」という想い(本気さ)も必要ですね。組織である以上は、「社員を育てよう!」とする気持ちも必要です。言っている割には行動が伴っていないケースもよく見受けられます。

Q : ビジョンが浸透しないという会社も少なくないようですが、理由は何でしょうか?

A : このような問題を抱えているということは、リーダーシップに疑問を感じざるを得ません。つまり次の成長段階への入口に差し掛かっているようにも思いますので、何が問題なのかをしっかりと掴むことが大事だと私は判断します。「ビジョンは一回発表すれば……」というものではなく、何回も繰り返し話すことで社員に理解してもらうしかないものです。

Q : 成長の途中で足踏みしているケースもありませんか?

A : 人も組織も自己実現のために成長段階を上っていきますが、必ずその都度、危機が訪れます。そこをうまく克服することが必要です。危機を迎えた会社の場合、経営者はその原因を社員や人事制度に求めがちですが、そうではなく成長過程(成熟度)の認識不足からくるリーダーシップの発揮の仕方に問題があるようです。これについてはグライナーの成長段階(86頁)を参照してください。

Q ：　どこの会社もビジョンはあると思いますが、その目標をそのまま使って大丈夫でしょうか？　噛み砕くなり、修正する場合にはどういうことに気をつけ、どんな方法でそれを行ったらよいですか？

A ：　たしかにビジョンは未来のことで予測は不可能ですが、既に述べたように具体性が乏しい、実現不可能なものが多くあります。このため、社員にとっては納得できるものでなくなっているのが実態ではないでしょうか。

　　社員が具体的に何をどうすれば実現できるのかをイメージできることです。このため、自由にアイデアを出し、語り合える会議を設けたり、過去の想いや行動の整理を行い、会社に期待する夢（こうあってほしい、こうありたいという姿）を語れるなど、社員を巻き込みながら作り上げることです。

第5章

5 窓口とプロジェクトチーム

1 窓口責任者

Q： 窓口になる人が会社側にきちんとコンサルタントの要望や提案を伝え、浸透させることができないと大変なことになると思います。経営陣と温度差がある場合はプロジェクト自体失敗する危険性があると思いますが、そのあたりはどのようされていますか？

A： 常に窓口責任者がいるというわけではありませんが、窓口責任者がいる場合、その方にどの程度の役割を担っていただくかです。基本的には日程調整、プロジェクトメンバーの選出案作りおよびコンサルティング作業の手伝いということになります。

しかし、日程など単純な調整作業だけではなく、社員の意識変化や経営者やコンサルタントが打った手立てに対する社員の反応など常に正確な情報を吸い上げ、次に進めるための社内のお膳立てをする大きな役割があります。

また、社員の抵抗に対して経営者との間に入り、社員に目線を合わせて双方の溝を埋める動きができる窓口責任者であれば最高です。

　はっきりしていることは、経営革新のために自身の信念において経営者、社員、コンサルタントの間に立つことができるかどうかです。信念を支えることができる支援はホットラインを結んでおき、問合せにはすべて対応することが大切です。

　反面、何か問題が起きたときに、時に経営者、時に社員、時にコンサルタントに責任を転嫁する窓口責任者であるならば、そのプロジェクトは必ずといってよいほど揉めて失敗します。この場合、経営者とのコミュニケーション（報告・相談）を密にして信頼関係を保ち、次の窓口責任者を見つけるほうが賢明な場合もあります。

Q ：　窓口になる人が知識豊富で、描く理想像がその会社レベルにあっていない場合の対処方法について教えてください。

A ：　これは大きな問題です。つまりその窓口の方は知識ばかり豊富で何ら行動力、調整力がないということを示しています。その組織において知識だけで自分が賢いと勘違いしている場合などは窓口としては不適格であり、ある程度、段階を踏みながら理解を促したうえで言動に変化がないようであれば窓口責任者の変更を経営者に申し出ることが賢明です。

2　会社側にしてもらうこと、コンサルタントがすること

Q ：　会社にはどのようなことをしてもらい、コンサルタントの作業はどこまで行うのですか？

A ：　次の情報の収集や作業を会社側にしていただくことがあります。
① 　業界（競合）情報、市場情報の収集
② 　人事データの整理（窓口責任者がしっかりしていれば、分析の切り口を説明し、プロット図までを作成）
③ 　今後5年間の労務構成図の作成（過去の退職率、採用計画に基づいて作成）

④　過去の人事考課結果の整理

⑤　過去の昇給・賞与実績、昇進・昇格実績などの整理

⑥　現在の退職金額の算出

　コンサルティングが進んでいくと、基準書の完成後は、人事考課表の作成作業をしていただくこともあります。

　基本的に情報の整理のレベルです。

6 予備診断・分析

1 財務諸表のチェックポイント

Q ： 財務関係の書類を見せるのを渋っているのですが、どのようにしたらよいですか？

A ： 我々にも財務諸表を見せていただけないようなら、経営をどこまでオープンにできるかを確認し、その理解が得られなければコンサルティングに入る必要性は少ない会社です。「コスト削減のために成果主義人事」を導入したいといわれるなら尚更のことです。

　「報徳外記」教化（中）に「行と教は一つなり。たとえば稲草の如く然り。種子、芽を生じて藁となり、藁、穂を生じて粟と為る。粟は粟を生ずることは能はず、藁は藁を生ずることは能はざるなり。行いて而る後教え、学びて而る後行ふ。夫れ行いて而る後教え、学びて而る後行ふ。故に其の功必ず修斉より以て治平に至る。苟も学びて行わず、行わずして教ふるは、則ち口耳の学問なり。一身すら尚ほ修む可からず、況や民を治むるに於いてをや。孔子曰く、之に先んじ、之に労すと。又曰く、倦むこと無しと……」とあります。

経営者は社員を育成する立場の人間です。コンサルタントも同じです。その人間が口先だけで何も模範となる行動をしていないようでは、社員を統制できるはずもありません。社員に成果を求めるなら、まずは経営をオープンにすることから始めることです。

Q : 渋る理由としてほかには何がありますか？

A : 我々に見せることで情報が洩れることを気にされていることがあります。そういう場合は守秘契約を結んでおくのもひとつの手です。

利益の操作（粉飾決算）をしているなら人事コンサルティングの分野ではありませんし、莫大な役員報酬を受け取っていることが原因なら理解を得られるまで入手をあきらめましょう。

ダウンロードデータ　守秘契約書

Q : そのほかに説得材料がありますか？

A : 「成果主義とは結果＋プロセスであり、社員が地道に業務をこなし始めて結果が出ることをいうのであり、それを公正で納得性の高いものにするなら経営数字はできる限りオープンにすること」と明言しておくことです。人件費を抑制することが我々の仕事ではありません。人件費がコストではなく投資であるとするならば、最終成果はやはり業績の向上、労働生産性の向上にほかなりません。

Q : コンサルタントとしてはどこに着目をしたらよいですか？

A : 人事コンサルタントが最低限見ておかなければならない数字は、人件費と労働分配率（付加価値に占める人件費の割合）となります。損益分岐点も確認をしておいたほうがよいでしょう。また、1人当たり人件費、1人当たり売上高など生産性指標も確認が必要です。

Q : どの勘定科目に注目したらよいですか？

A : 労働分配率に注目するのであれば、販売費および一般管理費の中

労働分配率

労働分配率（％）＝（人件費 ÷ 付加価値）×100

　付加価値高を算出する方法は複雑な理論もありますが、卸売業や小売業は粗利益、製造業は売上高から材料費と外注費を差し引いた額と考えます。

付加価値高＝加工高、売上総利益＝限界利益

① 製造業・建設業の場合：
　　売上高－（材料費＋買入部品費＋外注工賃）＝加工高
② 卸売業・小売業の場合：
　　売上高－売上原価＝売上総利益

からは
① 役員報酬：取締役、監査役に対する定期報酬
② 給料手当：社員、パート、アルバイトに対する給与。基本給のほか諸手当も含む。一般的に、通勤手当は旅費交通費に含めている
③ 賞与：役員、社員、パート、アルバイトに対する賞与
④ 雑給：パート、アルバイトなど、一時雇用者に対する給与
⑤ 退職金：役員、社員、パート、アルバイトに対する退職金
⑥ 退職金掛金：中退共、特退共がこれに該当（保険料勘定に含める場合もある）
⑦ 法定福利費：社会・労働保険料など法定されている役員や社員関連費用
⑧ 福利厚生費：役員や社員のレクリエーション費用、慶弔金など

※ 製造原価には労務費があり、工場で発生する人件費を示します。役員報酬、給料手当、賞与、雑給、退職金、法定福利費、福利厚生費な

ど内容は、上記と同じです。

※　外注費として、営業、事務、清掃などの作業を外部の業者に依頼した場合の費用があり、外に出ている人件費として別途、管理は必要です。合理化の際には社員がその仕事をやることで、出る金を抑えることが可能となります。

Q：　利益などから考えて役員、役員家族の給与割合が高い場合の判断はどのように行いますか？

A：　これは非常に難しい問題です。利益から考えて多い……という状況もいろいろと考えられます。同族とはいえ、役員報酬も払えない会社に対して銀行の印象は良くはないでしょう。

　また、社員に対してある程度満足したレベルの賃金を保証しているのであれば大きな問題とはいえません。ただし、会社のビジョンに沿った利益が出ていないとか資金繰り状態が悪い、職務内容に見合った報酬額でない、同業種・同規模他社に比べてかけ離れた額となっている、単なる名目だけの役員に報酬を支払っているなどの場合は株主総会あるいは取締役会での見直しが必要です。これらは社員がよく見ているところです。

　ある会社では新人事制度の説明会の後、管理職が「私の賃金は上がっていないのに、社長の資産は減るどころか増えている」と話していたところもありました。資本家と経営者とを区別できない社員（区別をしていないオーナー経営者もいますが）にとっては経営者が無責任に映っているのです。役員報酬だけでなく、同族会社では会社と役員との間で建物の貸し借りをすることが多く見受けられ、税務上も注意が必要です。

Q：　増収増益、減収減益などの経営状況により、意識しなければならないポイントはありますか？

A：　増収増益の場合は多くの問題が隠れてしまい、課題が見つけにくくなります。逆に、減収減益の場合は問題が一気に顕在化してきま

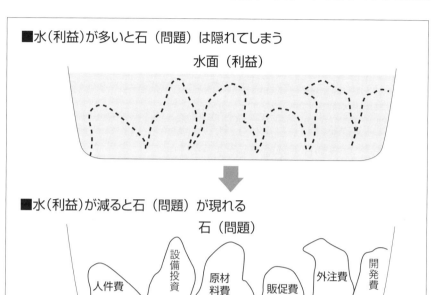

■水（利益）が多いと石（問題）は隠れてしまう

水面（利益）

■水（利益）が減ると石（問題）が現れる

石（問題）

人件費　設備投資　原材料費　販促費　外注費　開発費

す。増収増益と減収減益で問題が大きく異なるかというと、そうでもありません。ただ、後者の場合はあまり時間の余裕はなく、急いでやるから即効果が出るかといえばそういうこともないのですが、ＱＣＤ（Quality Cost Delivery）のＤはしっかりと管理し、進めていくことが重要です。

　そして、多くの経営者が、自身の指示、育成方法、業務の仕組みや運用方法を棚上げにして、社員の責任にしています。①インタビューや資料分析でしっかりと現状を確認し、②課題を整理し、③優先順位をつけて取り組んでいくこと、が重要となります。

鉄則　三十

人件費を抑制することがコンサルタントの仕事ではない。人件費がコストではなく投資であるとするならば、最終成果は業績の向上、労働生産性の向上にほかならない。

Q ：　自分が知らない業界の市場環境や競争業者などを適切に選択し、分析するポイントを教えてください。

A ：　一人で何でもやろうと思わず、日頃から広げている人脈に聞込みをし、業界特性を把握することです。

　また、同業者あるいは同事業に上場企業があれば、それらの会社のIR情報（有価証券報告書や事業報告書）の数年分を確認すると、同業界で先を行く企業の戦略およびリスクを時系列で分析、比較していくことでクライアントの動きとの違いも明らかになってきます。また、同業界および関連業界のリーダー企業について書かれた書籍や雑誌の内容を確認することで、先を行く同業者とのギャップを明らかにしていくこともできます。

　また、国立国会図書館のリサーチ・ナビ（https://rnavi.ndl.go.jp/research_guide/entry/theme-honbun-102076.php）があり、業界動向を調べるための情報源を知ることができます。業界動向には、生産量、販売額、従業員数などの統計があり、クライアントの関係する市場の情報が得られるほか、これらの活用で市場規模、マーケットシェアなども導き出すこともできます。そのほか、業界の名簿、調査・レポート、専門雑誌・専門新聞、インターネット情報源なども示されており、あとは検索していけば今や多くの情報は得られます。

Q ：　聞込み調査ですね。それならできそうです。では、経営環境分析を行ううえで大事なことはありますか？

A ：　会社の状況によって異なりますが、経営戦略を構築するにしても、まず「危機感の共有化」は経営環境分析という意味でとても大事です。「どうしてこんな状態になっているのか？」を自分の会社の外と内で客観的に議論をし合うことで、共通認識が持てるようになります。"井の中の蛙"状態から脱出させることです。

　ミッションがわかれば解決策を考えていくことのみでビジョンは出てきますが、これを会社のシステムとして機能させていくためにも、目標管理制度の導入によるミッションやビジョンの落とし込みは必要です。

Q： 業界を知るには聞込みのほかにどのような方法がありますか？

A： 業界特性を知ることで会社の経営上の課題を演繹的に考えることができるようになり、経営戦略上の仮説も立てやすくなります。業界特性を知るには、統計資料、業界団体情報、専門誌や各種統計資料から、市場の規模や動向、価格動向、技術動向、ソリューション（ノウハウ）動向などを調査します。

Q： 経営課題（成功要因）の抽出にはどのようなことをしますか？

A： 経営課題（成功要因）の抽出では、多くの場合、業界が抱えている課題に自社独特の課題を付け加えるだけで済む場合が多いのですが、業界において名の通った同業者やまったく異なる業界でのエクセレント・カンパニーといわれる会社についての情報を集めることも、自社の課題を整理するのには非常に役に立ちます。

Q： どうしてエクセレント・カンパニーが参考になるのですか？

A： 例えば、パソコン業界ではデル、ＯＡ業界ではキヤノン、電子部品業界ではキーエンス、流通業ではセブンイレブン、サービス業ではオリエンタルランドやリッツカールトンなどの会社、あるいは公認会計士（監査法人）や税理士法人が、顧客満足を得るためにどのようなことに取り組んできたのか、その背景には何があったのかをベンチマーキングすることで、自社との大きな違いに気づき、自社の課題の発見にもつながります。

Q： 役に立つデータが見つけにくいのですが……。

A： 情報はクライアントからもらう社内情報、業界情報、業界団体か

ら入手できる業界紙などの業界情報、また社内インタビューで出てくる個人で持っている市場（顧客、競合）情報、調査機関が出している業界情報とコンサルタント自身が（人脈）ネットワークやインターネットから入手する業界情報などがあります。

Q : 役に立つ情報とはどういうものだと考えたらよいでしょうか？

A : 要は、経営課題（成功要因）が抽出できるよう、会社で生じている個々の問題を体系化するための根拠となる情報を集めればよいわけですから、問題が問題のまま終わっている間はまだまだ情報が足りないと思い、満足するまで集めることです。

Q : 比較分析したところ、問題点や課題が出てきましたが……。

A : 比較分析をした結果、自社の能力で競争優位に立てる市場や顧客を明らかにし、主要成功要因（CSF）を導き出すことが重要です。この主要成功要因の抽出は目標管理につながることになります。

　主要成功要因（CSF）とは目標達成のため、それ相応の努力をするために資源投下を重点的にすべき、現在および将来における資産、能力で、市場における競争優位性の基礎となるものをいいます。

Q : M. E. ポーターにより提唱された「5つの競争要因分析」とは何ですか？

A : 外部環境の分析において業界の魅力度の把握、先発会社の優位が

持続しやすいか否か、新規参入者にもチャンスがあるかといった知見を与えてくれます。その視点は、以下のそれぞれの力によって分析を行うことになります。これによって、業界内における自社の（対抗）戦略が決定できます。

具体的には、次のことを分析します。

1》競合会社（同業者）の脅威

業界内の既存の競争（競争度）を分析します。次の同業者の対抗度を参考に考えてください。業界内の競争が激しくなる場合は、次のようなケースです。

① 競争業者の数が多い
② 産業の成長率が低い
③ 固定費が大きい、または在庫費用が大きい
④ ソリューションに差別化がきかない、またはスイッチング・コストがかからない
⑤ 生産能力の拡張が小刻みには行えない
⑥ 多様なバックグラウンドを持つ競争相手がいる
⑦ 戦略的な価値の高い業界である
⑧ 撤退障壁が高い

2》新規参入の脅威

市場における参入障壁の高低（設備投資の障壁、技術上の障壁、既存業者の報復手段など）を分析します。例えば、社労士業において国家試験合格という障壁はあるとはいえますが、そもそも代行業務に与えられたものであると考えるならば、参入障壁は高いとはいえず、新規参入が増大する限り、価格は低下することになります。

3》代替品の脅威

自社のソリューションと同じニーズを満たす、より費用対効果

の高い代替品が出ることはないか、また、代替品が出た場合にはどのような影響があるかを分析します。会社の電子申請の流れが強まると当然、収益性には影響が出てきます。

4》売り手の強い交渉力

　自社にとって、ソリューションを供給してもらっている業者からの圧力は何か、などを分析します。これに関しては特に強い影響力は見当たりません。

5》買手の強い交渉力 (バイイング・パワー)

　自社のソリューションを購入する買手の圧力は何かなど、買手である自社の顧客を考えて分析します（例：大手スーパーの発言力が強くＰＢ商品の受注をメーカーが競い合う）。

▨ **図表５－３　５つの競争要因分析**

```
              ┌──────────────┐
              │  新規参入の視点  │
              └──────┬───────┘
                     ↓
┌──────────┐    ┌──────────┐    ┌──────────┐
│ 供給業者の視点 │ → │ 競合企業の視点 │ ← │  顧客の視点  │
└──────────┘    └──────────┘    └──────────┘
                     ↑
              ┌──────────────┐
              │  代替製品の視点  │
              └──────────────┘
```

出典：M.E. ポーター著　「競争優位の戦略」ダイヤモンド社より作成

鉄則　三十一

ミッションがわかれば解決策を考えていくことのみでビジョンは出てくるが、これを会社のシステムとして機能させていくためには、目標管理制度の導入によるミッションやビジョンの落とし込みが必要。

3　経営戦略

Q ：　経営戦略とは何ですか？

A ：　経営戦略とは、

① 　会社を取り巻く外部に働きかけて、自社の構造を変換していくこと。

② 　会社の目標達成を最適度に可能にするような方法で、資源の転化のプロセスを方向付けること。

③ 　環境変化が生み出す機会とリスクに組織の資源をマッチさせ、組織の能力を友好的かつ能率的に発揮させること。

　要は会社が市場において競合他社との間で生き残りをかけて、環境に対応するために経営資源を機会とリスクにマッチさせることです。資源は限りあるものですから、「これだ！」と思うところに焦点を絞って重点的に使い、組織の能力、強みを有効かつ能率的に発揮させることです。経営戦略を理解しようと思うと、環境を理解したうえで、この強みを活かすにはどうしたらよいか、間違いないかを考えなくてはなりません。

Q ：　戦略のパターンについて教えてください。

A ：　既に述べたように、戦略とは「選択」と「集中」です。前出のポーターは、競争優位のタイプと戦略ターゲットの幅で戦略を3つの形態に整理しています。

① 　他社よりも低いコストでいくコスト・リーダーシップ戦略

② 　顧客が認める特異性をもってポジションを獲得する差別化戦略

③ 　集中戦略

この3つがあります。

第5章

Q ： 中小企業はどの戦略をとったらよいでしょうか？

A ： 　中小企業の場合は、経営資源を考えると基本的に差別化・集中戦略（ニッチ戦略）しかないと言っても過言ではありません。どの戦略を志向するかは会社の考え方次第ですが、方向性が曖昧な場合、方向性が明確でも十分に実現されていない場合には競争に勝つことは難しくなります。

　したがって、ランチェスターの「弱者の戦略」にある①局地戦、②一騎打ち、③接近戦、④一点集中、の戦略を実行することになります。ほかに、⑤陽動作戦というものもあります。

Q ： 大企業と中小企業では戦略が異なるということですね。

A ： 中小企業にとって大企業が行っていることを真似ることは、相手の術中に嵌るようなものです。差別化したとしても、大企業は資金力と系列圧力で後発でも平然と覆い被さり「もともと、私どもがやっていました」と平然と言うでしょう。

Q ： 社労士業にあてはめて説明してください。

A ： 　社労士業を例にとりますと、法律で定められた代行業務など一見、他者との差別化がつきにくいように見えますが、1対1の戦いになればほぼ能力の高い（経験が多い）ほうが勝つことになりますし、社労士として個人的な能力（経験）は同じでも、事務所に抱えている職員の数が違うなどの能力差は明らかに勝負の分かれ目となります。

　だからこそ大手あるいはベテラン社労士との戦いを避けるため、徹底的にターゲット市場（顧客）を絞り込み、集中して取り組む（活動する）しか競争に勝つことはできないのです。

Q：　ポジショニングとは何ですか？

A：　ポジショニングとは、当該事業（あるいは会社）がその競合先や市場との関係でどのように知覚されているかを明らかにするものです。

Q：　自社のいる場所を明らかにするということでしょうか？

A：　ポジショニングには会社、事業、製品・サービスといった3段階のポジショニングがあります。既に述べたような経営環境分析に整合させて、標的市場における自社のポジショニングを明確にし、事業戦略を決定し、これに基づきマーケティング戦略が展開されることになります。

Q：　これもまた社労士業にあてはめて説明していただけますか？

A：　社労士業の場合、ある地域においてすべての社労士業務を提供する場合もあれば（フルライン）、競争を避け特定の分野（例えば、労働安全衛生指導）、特定の顧客（病院や建設業など）またはもっと細分化された特定の地域に資源を集中し事業展開することなどが挙げられます。

　　タテ軸をソリューション価格（高－低）、ヨコ軸を人生（若年層－中高年層)にしてみると何かソリューションが見えてきそうです。

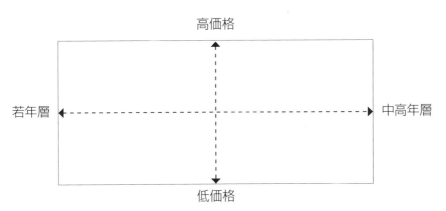

第5章

これらの軸を選ぶ際には、それぞれの独立性の高い組合せを選ぶ必要があります。この軸の選び方、あるいは軸上の位置決め次第で顕在化されていない新たな市場ポジションや顧客ニーズを引き出し、新規需要を開拓あるいは深耕することもできます。

Q：　経営戦略を立てるためのポイントはありますか？

A：　戦略を考える視点で、3つのCがあります。①自社資源（Company）、②顧客ニーズ（Customer）、③同業者能力（Competitor）です。この3つの関係において自社の取るべき戦略が明確になってきますが、これを「3C分析」ともいいます。

　150頁に述べた顧客（市場）と競合の分析が外部環境分析に相当し、自社分析が内部環境分析に相当します。重要なのは、顧客ニーズです。これだけでも見誤らなければ基本的に同業他社には勝てるはずです。

◤ 図表5－4　戦略の3C+3S+4P

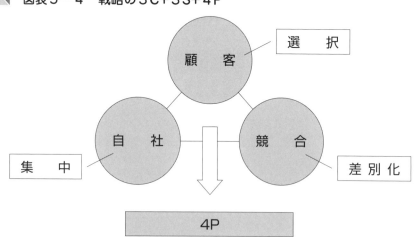

　経営のサポートができる人事コンサルタントを目指すことは、まさにこのようなマーケティング思考が必須ではないでしょうか。

Q：　顧客ニーズが重要なのですね。

A：　お客様が「どのような状況にあり、その先に何を望んでいるのか？
　　期待以上に価値あるものと認めていただけるソリューションは何なのか？」を考え、その中で自社の能力（ソリューションと価格）に合わせたターゲット市場（顧客）を絞り込むことで、同業者とは異なるポジションとマーケティング・ミックス（４Ｐ）を決定することになります。

Q：　マーケティング戦略について教えてください。

A：　このポジショニング分析から得られた標的（顧客）に対して、マーケティング戦略（マーケティング・ミックス＝４Ｐ）を創り上げることになります。４Ｐとは、①商品（Product）、②価格（Price）、③プロモーション（Promotion）、④流通チャネル（Place）のことをいいます。

Q：　顧客の視点ということがよくいわれますが？

A：　ええ。昨今では、顧客ロイヤリティの獲得という観点から４Ｐだけではなく、これに中心テーマとする戦略を検討する必要が出てきました。これは顧客ロイヤリティ（忠誠心）が高い会社こそ収益性が高く、またロイヤリティの高い顧客は時を経るごとに利益をもたらすことがはっきりしてきたからです。

　つまり、３Ｒ（①保持 Retention ＝既存顧客の重視、②関連販売 Related sales、③口コミ Referrals）を重視したマーケティング戦略の検討は、顧客の要求や購買行動に素早く対応しなければならず、タテ割りの機能別組織ではなく、ビジネスプロセス変革のための課題が明らかになってきます。

Q ： 社労士業は形がないので難しい気がしますが？

A ： 無形ですから、差別化が難しいだけにプロモーション戦略（あるいはコミュニケーション戦略）は重要になってきます。顧問契約なども形のひとつですが、定期訪問はもちろん、ニュースレター等の発行やソリューション提供チケットなども顧客認知度およびロイヤリティを向上するために活用できます。

Q ： ほかにはどんなサービスが考えられますか？

A ： 顧客サービスの一環として、顧問先など関係先を集めたセミナーや交流会を定期的に実施することも考えられます。満足度の高い病院を調べると、そこに集まる同じ病気の患者同士のコミュニティが形成されていたとの結果もあり保持には有効です。

4　インタビュー

Q ： インタビューを行う場合、どのような準備が必要ですか？

A ： 事前に資料分析や観察をしておき、クライアントの問題を推測し、それを確認していくというシナリオを作り、そこから質問項目を考えていくことになります。

人選的には仮説を確認できる社員ということになりますが、会社側の偏った考え方や意見だけを聞いてしまうことがないようにまんべんなく選んでもらうことです。

人選をまんべんなく行うことで、①優秀群ないし高業績者に共通する特性（ファンダメンタル軸）、②劣等群ないし低業績者に共通する特性（ボトルネック軸）、③業績に関係しないが、職務の成否に決定的な損失や信用失墜を及ぼす特性（スタブリング軸）を把握でき、基準書作成に活かすことが可能となるので非常に重要です。

Q ： 質問の仕方で配慮しなければならないことはありますか？

A ： 質問の仕方としては、簡単に答えられるものから始め、徐々にシナリオに沿った質問に入ることになります。答えやすい雰囲気を作るために穏やかな表情で目（顔）を見て話すことも基本です。

　　また、重要だと思われることは複数名から確認することや定量化して検証できるようにしておくことが大切です。

Q ： インタビューを行うにあたり、特に心がけることはありますか？

A ： その会社の歴史・社風を聞くことによって、どのくらいの人事改革を受け入れられるかを最初に見ておかないと、「人事制度を作りました」と言っても運用できないでしょう。既に人事制度を導入している会社に対しても、文化や歴史を踏まえて運用できるように作り変えてあげることです。

Q ： どんなアプローチをしていますか？

A ： 私のアプローチの仕方は、導入の3日間ぐらいは、しっかり経営幹部、管理職、中堅監督職と元気な若手へのインタビューをします。それから人事部長に言って、反会社的な方を混ぜていただきながら、良い意見も聞くし悪い意見も聞くし、ということでヒアリングをします。

Q ： インタビューで現状や課題をうまく引き出すことが必要だと思いますが、どのようなことに気を配るとよいですか？

A ： まずは何といっても各部門、各人の仕事の流れと内容を把握することに努めています。

　　次に、部門から部門への要望（苦情も含め）を聞くことで、各部門や部門間での問題点を整理することにしています。次頁の表（From to Chart）を活用し、整理すると便利です。

　　これは、後からビジネスプロセスを整理、再構築するうえでの課題となりますので、非常に重要な作業となります。

図表5−5　From to Chart

部門A ＼ 部門B	営　業	設計開発	資材調達	製　造	メンテナンス
営　業	●仕様書の不統一 ●提案力がない（強気で出られない） ●××機の知識不足 ●中小得意先を回れていない	●設計能力の不足（設計ミス）		●製造原価が高い ●製造ミスが多い	
設計開発	●仕様書をしっかりと早めに詰めてほしい（出図の遅れ） ●仕様書の間違いが多い ●××製品の機種が多い	●できる人材が営業、サービス対応やトラブル対応で手一杯			●現場手直し内容が連絡されてない
資材調達	●仕様書をしっかりと早めに詰めてほしい（外注比率が削減できない） ●営業の前情報が少ない ●××製品は機種が多い	●部品のサイズが異なるだけでまったく違う部品番号と品名。このため異なる外注に発注している場合もある ●部品標準化が進んでいない	●外注管理ができていない ●納期遅れがある ●在庫管理の徹底不足		●注文書が出てきていないのに、物が納入されている
製　造	●仕様書をしっかりと詰めてほしい（手直しの削減） ●顧客との打合せ内容記録ミスの削減 ●現場を知らない ●一部営業は顧客の言うことを聞きすぎ	●設計ミスをなくしてほしい ●標準図面を直す ●組立を考えた設計を希望。組立図もない ●設計能力の不足 ●配管には図面がない（全体イメージを考える時間が必要） ●情報の共有不足	●社内でもできるものまで外注に出ている ●納期を守ってほしい ●外注の開拓と育成ができていない ●受入検査をしていない ●外注政策がない	●製缶、組立、機械場、配管のコミュニケーション不足 ●機械場の設備稼働率が悪い	
メンテナンス	●仕様書をしっかりと詰めてほしい ●オーバースペックな箇所がある ●手直し原因の情報公開（営業担当別）	●図面管理が不完全 ●現場を知らない ●取扱説明書、搬入手順書がない ●以前の改良が直っていない（同じ間違いを起こす…特に、機械設計） ●メンテナンスしやすい設計を希望	●社内振替制度が必要	●サービスマニュアルがない ●現場で配管の手直しがある ●部品の手配ミスがある	●サービスマニュアルがない ●メンテナンス作業の履歴がない

Q： 特にしっかり確認するのはどんなことですか？

A： このような作業（インタビュー）の中で注意することは、経営目標（課題）を念頭におき、組織の5機能が部門内や部門を越えて過不足なく存在し働いているか、ということを念入りに確認することです。

　5機能とは「企画（計画）機能」「意思決定機能」「調整機能」「実行機能、評価機能」で、プロセス・アプローチという意味では、調整機能が重要ですが、私はまず企画（計画）機能と評価機能（中でも、フィードバックの仕組み）については重点的に確認をしていきます。

組織の5機能が存在しているか、働いているかをチェック	企画（計画）機能
	意思決定機能
	調整機能
	実行機能
	評価機能

　なぜなら、計画とは「将来とるべき行動を現在決めること」であり、この計画があって初めて忍耐と努力ができますし、計画どおりにいかなければ反省をすることもできます（計画がなければ、反省もなく、反省もなければ改善策もありません）。

　特に、中小企業では個々の仕事の流れやその内容までもが管理された状態にないことが多く、それを明らかにすることから始めることが重要と考えています。

Q： 複数のコンサルタントが分担してインタビューを行う場合、内容にずれが生じませんか？

A： 複数のコンサルタントが分担してインタビューをするときは、あらかじめ質問を用意しておき臨むのは当然です。私の場合は、経営幹部までは合同で行い、質問の仕方、ほしい回答のレベル（突っ込

み具合）までを見ておいていただいたうえで、各部屋に分かれてインタビューをするようにしています。これは事後に被インタビュー者の回答内容を確認する際、なぜそのような回答をしたかの背景（事実）を明確に掴んでおきたいからです。つまり、インタビューの目的はデータ、事実の収集にあります。

Q ： 注意すべきことはどのようなことでしょう？

A ： 話だけを聞いて鵜呑みにしないことです。必ずデータ、現物、現場で確認をすることです。

　人間というのは基本的に自分はできるものと思っていて（自尊心）、それがために良いことばかりを話したり、人や他部門の批判をします。それに乗せられて騙されてしまい恥をかくことがないように、被面接者に資料の提示を目的に応じて求めることが大切です。

Q ： インタビューの際、返答をしてくれない社員に困っています。

A ： こちらの質問の仕方や質問内容に問題（こちらの準備不足）がある場合は反省をしましょう。社員がなかなか返答をしてくれない理由のひとつにコンサルタントを警戒していることがあります。コンサルティングの目的をよく理解してもらうことですが、その場合はYES／NO質問でその日は早めに終了することもひとつの手です。「他の人間が1時間で自分は30分だった」ことをまず意識させておくことです。

Q ： どうして意識させるのですか？

A ： 非協力的な人間は、わざと意識して距離をおきます。そして、現場で声をかけながら様子を見ていきます。特に気になっていないようであれば、それ以上の期待をせず、問題意識をもっているようであれば、その人材をチェンジ・エージェンシー（改革の火種）として指導します。指導前のインタビューにおいて、既にこのチェンジ・エージェンシーを選定しており、どれだけ増やせるかを目論んでいます。

Q ： ピントが外れた答えもあって困るのですが……。

A ： 期待している回答が得られないため、得られるまで言い換えながらしつこく質問してしまうこともありますが、その多くは被面接者に不適な質問内容に原因があります。

Q ： 情報を収集する場合、会社にとってマイナスの話を引き出すことも必要ですか？

A ： 必要です。マイナス情報が今後の改善を行うタネとなることが多々あります。このため愚痴、クレーム情報、社内トラブル、社員意識調査の自由意見、営業からの自社評価や噂話など、きちんと社員から聞き出せる信頼関係が必要です。

Q ： 1回では本音の部分を聞くことができないと思います。1回を長くではなく、短い回数で複数回行ったほうがよいのでしょうか？

A ： インタビューは事実を把握するとか日頃の不平・不満を吸い上げるために行っているだけではなく、今後の指導において参画意欲をもっていただくためのラポール（信頼関係）構築の時間でもあります。

　　　短い時間でのラポールの構築は不可能であり、できるかぎり1人に対して1時間程度は費やすことが基本です。回数だけの問題ではなく（結果としては積算時間になりますが）、ラポールを少しでも感じ、打ち解け、次のステップに入れるよう進めたいものです。表情やジェスチャーなど言葉以外も注意深くチェックしましょう。

Q ： インタビューされる側としてはどのようなことを感じるものですか？

A ： コンサルティングを行ううえでインタビューを軽く考えている方も多いのですが、インタビューされる側の期待も裏切らないように、聞いたことはすべて解決をしてあげるという気持ちで臨み、このためにもしっかりと事前に全社共通、部門、職階、職種などに分けて質問項目を考えておきましょう。

第5章

Q： 制度構築の過程において、社員にそれについてどう思うかなどの意見を聞いてもよいのでしょうか？

A： インタビューを行うもうひとつの理由はプロセス、各プロセスにおける各社員層の参画、賛同をとるためです。例えば、「人事考課制度を作ります」といったときには、各部門別あるいは職種別、等級別、階層別に人事考課表を作りますので、実際に人事考課をするほうが、その考課表を使ってできるかどうかを含めて、再度インタビューします。

人事考課表を固める過程で、こういう考課項目が入っていることで、会社の方針が理解できるか、自分が考課しやすいか、今後やる気になるか、などと社員にインタビューしながら、認識の確認をして、そこに対して自分の思いを入れていきます。評価されるものを渡すわけですから、意識付けができます。「こういう評価をされるのだけれど、これぐらいでいい？　厳しくない？」とか、それを繰り返していきます。

Q： 社長に対して、途中途中でヒアリングは必要ですか？

A： 最低でも、管理職に対して3回（最初、中間、最後）くらいはヒアリングを行うのですから、経営者に対してはそれ以上にアプローチをします。管理職に話をして経営者に話をしないということはあり得ません。

Q： 具体的に経営者の方はどのようなことを言われますか？

A： 「あいつの能力が低いからだ」「仕事をやっている奴にはたくさん給料を支払っていい」……などと言われますね。ただ、「能力が低い」と言っているその「能力」はどんなことを言っているのか、「仕事をやっている」と言うが何を意味しているのか、を経営者が間違えていることもかなり多いのです。自分の（間違っている）指示どおり動いていない人間を「能力がない」と決めつけていたり、「仕事をやっている」という背景に長時間労働で頑張っている、指示をしっ

かり実行している（つまりYESマン）ことがあったりします。そ
ういう人間を評価してしまっているということがあります。

Q ： そのようなときはどう対応したらよいのでしょうか？

A ： 人事制度で解決できる問題もありますが、会社で共有する価値観
や経営姿勢に大きな問題を抱えたまま「人事制度を変えれば会社は
良くなりますよ」「経営者のいうとおりに人事制度を構築しますか
ら」などという人事コンサルタントでは、会社も気の毒な話です。
経営者の間違いを指摘せず、解決の方向を示せずにいて何がコンサ
ルタントなのでしょう。

◤ 図表5-6　インタビューまとめ

インタビューは大切です。しっかりマスターしましょう

目　　的	データ・事実の収集
準　　備	○事前に資料分析や観察をしておく 　→クライアントの問題を推測し、それを確認していくと 　　いうシナリオを作る 　→そこから質問項目を考える 　　（全社共通、部門、職階、職種などに分けて） ○ほしい回答のレベル（突っ込み具合）を明確にしておく
質問の仕方	○簡単に答えられるものから始め、徐々にシナリオに沿っ 　た質問に入る ○社員が警戒している場合は YES/NO 質問で早めに終了 　する

留意すること	○重要だと思われることは複数名から確認する 　→定量化して検証できるようにしておく ○その会社の歴史を聞くことによって、どのくらいの人事 　改革を受け入れられるかを最初に見ておく ○問題点について事実（データなどの証拠）を掴む 　現物、現場で確認
人選、頻度	○導入3日間ぐらいは、経営幹部、管理職、中堅監督職と 　元気な若手へのインタビューをしっかりする 　→反会社的な方を含めてもらう 　→良い意見も悪い意見も聞く ○管理職に対して3回（最初、中間、最後）くらい 　経営者に対してはそれ以上
信頼関係を作る	○1人1時間程度費やす ○表情、ジェスチャーなど言葉以外もチェック ○聞いたことはすべて解決するぐらいの気持ちで臨む

鉄則　三十二

インタビューの中で注意することは、経営目標（課題）を念頭におき、組織の5機能が部門内や部門を越えて過不足なく存在し、働いているか、ということを念入りに確認すること。5機能とは「企画（計画）機能」「意思決定機能」「調整機能」「実行機能」「評価機能」を指す。

鉄則　三十三

インタビューの前に資料分析や観察をしておきクライアントの問題を推測し、それを確認していくというシナリオを作り、そこから質問項目を考えていく。

5　SWOT分析

Q ：　環境スキャニングを行うためのSWOT分析ですが、分析をすると
どのようなことがわかるのでしょうか？

A ：　自らのミッション・ビジョンを達成するための戦略策定にあたっ
て大まかに前提条件を整理することは不可欠です。そのひとつの方
法として1970年代初頭に提唱された概念であるSWOT（経営環境）
分析があります。

　　このSWOT分析によって、ミッションやビジョンを実現するた
めの具体的戦略課題が明らかになり、事業の進むべき方向性が明確
になってきます。

1 》内部環境（自社分析）
　「強み（Strength）」、「弱み（Weakness）」

　　自社の、①経営者能力、②財務力、③ソリューション開発力、④
マーケティング・営業力、⑤顧客対応能力、⑥人材・組織風土など
を分析します。「強み」に関しては、同業者が簡単に模倣できない
ような自社独自の中核的な能力（コア・コンピタンス）を作り上げ
るという視点が必要です。

2 》外部環境
　「機会（Opportunity）」、「脅威（Threat）」

　　マクロ環境的には経済、技術、政治・法律、社会、自然環境、産
業構造など、ミクロ環境的には市場環境、競争業者、中間媒介業者
（チャネル）、供給環境などが該当します。地域に同業者は何人（社）
で、お客様となる数はその地域に何件あり、ここ数年は増減傾向な
のか否か？　同業者はどんなことを強みとし、どの程度の料金でど
のようなソリューションを提供しているのか？　また地域内での知

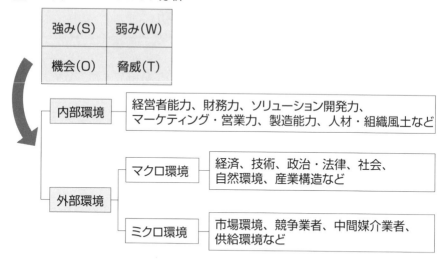

図表5－7　SWOT分析

| 強み(S) | 弱み(W) |
| 機会(O) | 脅威(T) |

内部環境　経営者能力、財務力、ソリューション開発力、マーケティング・営業力、製造能力、人材・組織風土など

外部環境
　マクロ環境　経済、技術、政治・法律、社会、自然環境、産業構造など
　ミクロ環境　市場環境、競争業者、中間媒介業者、供給環境など

名度はどうか？　お客様とどんな関係を構築しているのか？　ということを分析します。

ダウンロードデータ　経営環境分析シート

Q ：　コア・コンピタンスについてもう少し詳しく教えてください。

A ：　ＳＷＯＴ分析においても明らかになりますが、コア・コンピタンスとは、競争優位の源泉となるような、同業者には簡単に真似をされない中核的能力のことをいいます。独自のコア・コンピタンスを活用し、顧客に差別化された自社のソリューションを提供する、あるいはローコストで提供することで、競争力ある価格で顧客にソリューションを提供すること等により、利益を創出することができることになります。

　つまり、自社独自の顧客価値を創出するものがコア・コンピタンスです。ですから、何が自社のコア・コンピタンスであるのかを分析することは大変重要となります。

Q： コア・コンピタンスの分析方法を教えてください。

A： その分析方法は、ビジネス・サブ・プロセスごとに自社が持っている技術（ハード、ソフトを含む）、ノウハウ、スキルをすべて洗い出し、競合他社との比較を行い自社独自の「強み」を見つけ出します。その際の主な評価の観点は次のとおりです。

① 競合他社との違い／差別優位性は何か

② 顧客に提供するベネフィットは何か

③ 市場にインパクトを与えるような事業の発展性はあるか

　これらを検討した結果、現在保有しているコア・コンピタンスは何かを明らかにしていきます。

　この際、自社（自分達）の強みであるコア・コンピタンスは意外と認識できていないため、競合他社の製品、サービスに関する情報を分析し見つけ出すのがポイントとなります。

◥ 図表5-8　コア・コンピタンス分析例

	プロセス	能力および技術（設備）	最高能力(精度) / 標準能力(規格)	競合 A社	競合 B社	競合 C社	当社の課題
○○製品	企　画						
	開　発						
	調　達						
	製　造						
	営　業						
	物　流						
	ポイント合計						

『改訂版 役割等級人事制度導入・構築マニュアル』（P.165）

Q ： SWOT分析をする際に、コンサルタントとして意識することは何ですか？

A ： 経営者、経営幹部や管理監督者などにインタビューをしたときに、会社外の話なのか会社内（経営資源）の話なのかを考えてください。

社内の話ならば「強み」なのか「弱み」なのか、社外の話なら「機会（チャンス）」なのか「脅威」なのかを区分けしてください。また、「強み」は「弱み」に通じます。どちらに入れたらよいのかわからない場合は、会社方針に沿ってどちらに入れたほうが今後の取組み課題として的確かで判断を行います。

例えば、社労士がSWOT分析を行うと、人事・労務の点ばかり挙げてしまうことが多くあります。

労務問題からの側面だけあるいは自分の能力だけでやろうとすると当然そうなります。SWOT分析の手法を経営者あるいは経営幹部も含め理解しさえすれば、それぞれの専門分野からの情報を収集・分析し各分野からの意見が出てくることになります。後はコンサルタントのコーディネート力と想いにかかってきます。つまり、抽出した経営課題が明確になっているかどうかで決まります。

Q ： インタビューで「弱み」や「脅威」ばかり出てくるのですが。「強み」はないということでしょうか？

A ： 多くの会社がそうです。しかもきちんと自分の会社の「弱点（弱み）」を認識されています。コンサルタントは「強み」を考えて活かしてあげることです。

Q ： 「強み」を引き出す質問を教えてください。

A ： 以下のようなことを問いかけ、コア・コンピタンスを発見してみてください。

① お客様から「すごいですね」など、何度かほめられた点は何か
② これまでに同業者との競争に勝った要因は何だったか
③ これをやれば我ながら「すごいなあ、うまいなあ」と思えるよ

うな得意なこと、誇りに思っていることは何か

④　提供するソリューションの品質、コスト、時間（リードタイム）などで誇れるものは何か

⑤　同業者（仲間）からうらやましがられることは何か

⑥　歴史的に培われてきた他社にない特異な資源、特長（能力）はないか

Q：　今、会社が存続しているということは強みがあるということですね？

A：　例えば、30年の歴史がある会社が現在停滞しているとしたら、ここまで生き延びてきた強みを忘れてしまっています。その歴史をひも解いてあげると、それは経営者自身かもしれないし、資金があったのかもしれない。それがいまだに強みとして発揮されているのか、脅威にさらされて弱みになってきているのかなどを考えてみてください。これによっていろいろな問題点、課題が出てきます。

Q：　上手に引き出すのが難しいのですが……。信頼関係が大事でしょうか？

A：　「コンサルタントは社長の間者（スパイ）」という人もいます。社員の方には「どうせ最後は我々がいじめられるのだ」という思いが強くありますので、会議はまさにコンサルタントと社員の戦場（無言の会議であってもそれは抵抗である）となります。

　　へりくだった言い方をして守りに入るように見せかけて攻めてくる社員もいれば、生意気な発言をして逃げようとしている社員もいます。たとえ遠回りだと思っても、じっくり時間をかけて信頼してもらうことです。社員の意見に真摯に優しく耳を傾け、社員のためになるように動くなど誠実に対応することで少しずつ信頼してもらうことが大事です。

Q ： 議論から出てきた内容をどのように加工していったらよいのですか？

A ： ＳＷＯＴ分析を行う際、自身で考えた内容、周囲の方々に実施したインタビュー内容（評判など）、資料分析などから取り上げる要素について、その理由と根拠（データ）を徹底的に掴んでおくことが大切です。

「なぜそれが強いといえるのか」、また「その根拠は何か」を繰り返すことで、真実（真因）を把握することができます。

これによっていろいろな問題点、課題が出てきます。

その課題をどう解決していったらよいのか。当然この中で内部環境を分析するときに、経営分析、業界の情報、競合他社との比較が必要になってきます。

Q ： 議論についてこられない人もいるのではないですか？

A ： 全員で議論しようと思えば、会議の中では論点や議論のプロセスを見えるようにすることです。また、誤解、脱線、停滞をなくすために参加者の理解が進むようホワイトボード（黒板）を活用し、マトリクスや表などで整理し、会議の質を維持することも大事です。

Q ： 会議の進め方でお薦めの方法はありますか？

A ： まずリラックスした雰囲気を作ることです。それから会議の目的を明確にし、後はできる限り自由に議論してもらうようにします。

Q ： 具体的にはどのようなことをしたらよいのでしょうか？

A ： 私の場合、社員に自主性（主体性）を付けていただくために多くの運用ルールや基準を参画型で決定し、構築までしてもらいます。これまでの固定観念に縛られないよう、素直になっていただくようにフランクに話し、信頼関係を構築しながら、問題点を投げかけ、価値観を探りながら進めていくようにしています。

Q ： どのような気持ちで接していますか？

A ： とにかく、真剣にその場、時間を活用しなければなりませんから、かなり厳しく叱ることもあります。また、対立ができるくらいに揺さぶったり、あおったりすることで、固定観念を打破してもらうことも大切です。心の中にある本質を前向きにしなければなりませんので、家族、親戚のように心から接することを心がけています。

会議の中で1人の社員がずっと苦虫をつぶしたような顔をしていました。何か言いたげな納得のいかない様子でした。その様子が気になった私は会議の終了後、喫煙室で彼を見かけ普段吸わない煙草を購入し、彼の隣に座りました。たわいもない会話が始まり、そうしているうちに「先生あのね……」と彼が会社に対する思いや彼の知る現状を打ち明けてくれたのです。それはとてもコンサルティングを進めるうえで貴重な情報となりました。

コンサルタントが社員の心に寄り添おうとすることで、社員は心を開くのです。

Q ： 時間はかかりそうですが？

A ： 厳しいからと本意を曲げて流されたり、逃げたりすることはコンサルタントとしては禁物です。問題はやはり変革のためには時間がかかるということであり、契約期限内に完了することを意識するあまりにこちらの意図を押し付けることになっては、まったく意味がありません。

イソップ寓話にある「北風と太陽」にあるように、強引に物事を片付けてしまおうとするとかえって人は頑なになります。それよりも、温かく優しい言葉を掛けたり、態度を示すほうが、社員は自ら行動してくれるなど結果として大きな効果を得ることができます。

Q ： 会社に対して社員が不信感を持っていることがありませんか？

A ： 社員の会社（経営者）に対する不信感は、経営者の一方的な指示による思考停止が根底にある場合も多く、信じる心、自分で考える

思考回路を思い出すまでは時間がかかります。このため、会議において、経営者は経営目標や方針を理解しやすいように伝えることはもちろん、反省すべきところは反省していただくような演出も必要です。はじめは文句や批判かもしれませんが、最終的には前向きにさまざまな意見が出始めれば十分です。

鉄則 三十四

SWOT分析によってミッションやビジョンを実現するための具体的戦略課題が明らかになり、事業の進むべき方向性が明確になる。

6 賃金分析

Q ： 賃金の分析はどのようにしますか？

A ： 各種調査機関、業界団体および労働組合が集計している賃金統計資料に基づき賃金水準をチェックします。

賃金構成の内訳を確認した後に、階層別、職種別、性別に分析を実施します。昇給実績なども確認していきます。手当の定義、支払方法は各社各様で現状の方法が文書化されていればそれを確認し、経営者が独自の決め方をしている場合は文書化することが必要です。

> 賃金統計資料に基づき賃金水準をチェック
> ⇩
> 賃金構成の内訳を確認　手当の定義、支払方法確認
> ⇩
> 階層別、職種別、性別で分析を実施（プロットする）

Q： 社員の年齢からどんなことがわかりますか？　ほかに年齢からどんな問題点を指摘できますか？

A： 業界水準と比べることはあっても、あまり平均年齢を見る意味はありません。平均年齢の推移を見て過去の採用状況を知るぐらいでしょう。

　　勤続年数平均でその会社におけるキャリア年数を把握するとか、それよりも労務構成をみることで、例えば平均年齢が高くても若い層が多ければ（中高齢者も多いということになるが）、10年後には戦力となる人材が豊富になるなどをチェックすることができます。

7　賞与分析

Q： 賞与の分析はどのようにしますか？

A： 各種調査機関、業界団体および労働組合が集計している賞与統計資料に基づき賞与水準をチェックします。

　　賞与算定基礎額の内訳を確認した後に、賃金同様に階層別、職種別、人事考課結果別に分析を実施します。賞与形態（固定賞与、業績連動賞与）やその割合および人事考課結果の反映方法なども確認していきます。

　　賞与原資の導き出し方は各社各様で、経営者あるいは人事担当役員（あるいは管理者）が独自の計算式で算出していることが多々あり、現状の方法を文書化することが必要です。

第5章

賞与統計資料に基づき賞与水準をチェック

⇩

賞与算定基礎額の内訳を確認
賞与形態（固定賞与、業績連動賞与）やその割合 人事考課結果の反映方法など確認
賞与原資の導き出し方を確認または文書化

⇩

階層別、職種別、人事考課結果別に分析を実施（プロットする）

8　退職金診断

Q： 退職金制度の現状分析でのポイントを教えてください。

A： 退職金制度そのものの分析だけではなく、企業風土、財務の分析なども行い経営幹部にインタビューをします。それとは別に、現場の中間管理・監督者層、若手の営業スタッフなど階層別にインタビューをして、退職金についての問題点を整理していきます。

Q： 退職金の現行水準を調査するとはどういうことですか？

A： 退職金の現行水準を確認するために、現時点の在籍社員においての会社都合での退職金額を、ヨコ軸を勤続年数、タテ軸を退職金額でプロットします。特に新卒者がどのレベルを推移しているのかを調査して現行水準を導き出します。

　また、この段階で「モデル退職金の水準」を決定します。

Q： どのような方法でモデル退職金の水準が決定されるのですか？

A： 作成したプロット図の新卒者のポイントを見て水準線を引き、あわせて業界の統計資料などの水準をプロット上に載せ検討します。

　移行にあたり、退職金の現行水準を労使の合意に基づいて下げるのは可能ですが、基本的には退職金水準は簡単に下げられるもので

はないとの認識が必要です。ただし２、３年赤字が続く会社であれば、会社の立て直しのために退職金や賃金の水準をやむを得ず切り下げる場合もあるでしょう。中途採用者が多い場合は、会社側にモデル者を選んでもらうのもひとつです。

> 現時点の在籍社員において会社都合での退職金額をヨコ軸：
> 勤続年数、タテ軸：退職金額でプロット
>
> ⇩
>
> 作成したプロット図の新卒者のポイントを見て水準線を引く
> 業界の統計資料の水準をプロット上に載せて水準を検討

9　目標管理および人事考課制度の診断方法

Q：　目標管理はどのように診断しますか？

A：　目標管理については、インタビューにおいて制度の理解のレベルと制度に対する意見を聴くことのほか、過去の目標管理シートから分析します。監督者以上のライン長の目標管理シートからは、目標の連鎖の具合、シートに記述されている内容や達成度評価について分析をします。これにより、経営層および管理監督者のマネジメント状況の分析も可能です。

Q：　人事考課制度はどのように診断しますか？

A：　人事考課についても同様で、インタビューにおける制度の理解のレベルと制度に対する意見を聴くことのほか、過去の人事考課結果から、部門別、考課者別、考課要素別に分析を行います。業績と能力が連動していなかったり、評価の甘辛が是正されていないという結果が出てくる場合が多く、制度、基準の理解のレベルが表れることから、指導企画書にはこのための制度改革方向や運用方法などの内容が盛り込まれることになります。

7 主要成功要因の抽出

Q ： CSF（主要成功要因）の抽出はどのように行うのでしょうか？

A ： CSF は Critical Success Factor の略です。経営目標達成のための成功要因は山ほどありますが、重要なところからアプローチをしていきます。この成功要因を導く方法として代表的なツールがSWOT 分析です。この分析によって、具体的戦略課題（成功要因）が明らかになり、事業の進むべき方向性が明確になってきます。

また、強みをより具体的に掴むために、SWOT 分析とセットでコア・コンピタンス分析を行います。

とても大変な作業です。したがって、この作業を複数で行う場合は、役割分担をして、業界を調査する人と、経営分析をする人、など手分けして実施します。それぞれが情報を持ち寄っていろんな議論をして、顧客の本当の強み、その会社の儲けの仕組みがわかるようになるまで繰り返してください。

Q ： 人事コンサルタントとしてここまで行う必要があるのですか？

A ： 人事のシステム構築にあたっては、本当に主要成功要因を把握することが重要です。戦略の大切さを理解したうえで人事コンサル

ティングを行ってください。他社で作ったものを新たに受託した会社でも展開していくというのではなく、個々の会社における業界分析、経営分析などを行い、成功要因を抽出したうえでコンサルティングに入っていくという手法なので、手間がかかります。

Q：　どのくらいの時間がかかりますか？

A：　詰めて行えば1〜2週間でできますが、普段の業務があるのでそればかりやっていられないという場合は、「2ヵ月くらいかけてやりましょう」ということにすればよいのです。

　本来、しっかりと調査・分析しようと思えば半年程度は要しますが、そこまでしなければならないというつもりはありません。ともかく人事システム構築につながる経営課題（成功要因）を抽出してください。その会社がどういう仕組みで儲かっているかを出していきます。

　「利益を出すためにこんなことをしています」「だから利益が出ています」「その利益を使ってこういうところに投資しています」といったビジネスモデルを描いていきます。いずれにしろその会社の戦略を明確にする、あるいは戦略を理解しておかなければいけません。

Q：　ＳＷＯＴ分析からのＣＳＦ（主要成功要因）の導き出し方を教えてください（SWOT分析については、169〜170頁を参照）。

A：以下がＣＳＦの導き方です。クロスＳＷＯＴ分析といいます。

①　S⇔O　事業機会をうまく自社の強みで取り込むために何をするか＜積極展開策＞

②　S⇔T　他社にとっては脅威でも自社の強みで機会に変えるために何をするか＜対抗策＞

③　W⇔O　事業機会を自社の弱みで取りこぼさないためにどうすればよいか＜差別化策＞

④　W⇔T　脅威と弱みの鉢合わせで最悪の事態を招かないために

第5章

		外部環境							
		機　会				脅　威			
それぞれの交わりに成功要因 （課題）を見出すことができる ①■積極展開策 ②▨対抗策 ③▦差別化策 ④■守備・撤退策									
内部環境	強み	①				②			
	弱み	③				④			

何をするか＜守備・撤退策＞

　クロス SWOT 分析により、経営環境の分析ができたら事業ドメインの（再）構築をすることになります。

Q ： なるほど。組合わせで見ていくのですね。

A ： 外部環境は同じでも自社の「強み」「弱み」によって経営課題成功要因は変わってきます。「強み」を活かし機会を取り込むことができればこれほどコストをかけずに早くできるものはないのです。しかし、戦略思考でない戦術（原因追求）思考の日本人には経営目標に向かって「弱み」を克服することのほうが合っているのかもしれません。

8 コンサルティングの進め方

1 コンサルティングへの共通認識

Q ： 社員が危機感に対して共通認識を持つには、どのようなことを導入していけばよいでしょうか？

A ： 共通認識を持っていないという状況をイメージしてみてください。そこにはどこか情報のゆがみや断絶が生じているはずです。情報の送り手の想い（考えや思い込み）や表現力によって情報が単純化、圧縮化あるいは曖昧になったりしますし、情報の受け手においても自分の欲求や願望に沿うように解釈することがあり、いずれにしても我田引水のごとくです。誤った情報、役に立たない情報ばかり発信・受信していたのではイソップ寓話の「狼が来たぞ」と同じです。

　簡単な方法として、まず関連し合う部門（生産部門であれば前後工程、あるいは営業部門）の情報を持ち寄り、議論することです。そこには必ずこれまでにない「気づき」が生まれるはずです。

Q ： 危機感に対して共通認識を持っている企業とは、どのような企業ですか?

A ： 危機感を持ち続けている企業は、常に改善・改革を進めています。特に、過去に金融機関からの融資を受け入れざるを得ない状況になった企業は、そのときに危機感と同時に屈辱感を感じています。それを乗り越え再び誇りを取り戻した経営者や社員は、顧客のために素晴らしい努力をしています。しかし、金融機関から融資や人材を受け入れ、社長や社員は安心し何ら変革行動をとることを忘れてしまっている企業もあります。

いずれにしても、危機感をどう捉え、それを共有化し企業の変革に活かすかは、経営者のリーダーシップによるといっても過言ではないでしょう。

Q ： 部門の壁ができている場合の対応は?

A ： 営業部門は顧客・市場や競合情報を持っており、開発部門や生産部門はそれをなかなか知り得ることができません。このため開発部門は技術にこだわり、顧客ニーズとかけ離れた一人よがりの開発をしたり、生産部門も激しい市場変化に対応できないダンゴ生産をしたりしています。御用聞き・ルート営業も楽で慣れた会社ばかり回ってしまう傾向にあるため、真の市場動向を把握しているとは言い難く、会社にとってメリットのない顧客ニーズを情報として持ち帰ったりする場合もあります。

Q ： 違う部門が一緒に動くことも必要でしょうか?

A ： 技術者(あるいは現場作業者)を営業社員に同行させ、それぞれの分野からの顧客情報を収集したり、部門ごとに課題や要望を出させて話し合ったりすることで、顧客・市場を身近に感じることができるようになりますし、市場対応のための課題も見えてくるようになります。

Q ： プロジェクトチームを結成することは必要ですか？

A ： 課題が把握できれば、できる限り部門横断的なプロジェクトや各部門での小集団を発足させ、課題解決行動を起こさせることになります。しばらくすると能動的に顧客や仕入先を巻き込んで、情報交換や製品開発を行ったりすることもできるようになります。

Q ： それで実際に動き出すことができますか？

A ： 問題は、情報を集め議論させることができたとしても課題解決を実現させるには、その仕組みを社内でまず構築しておく必要があるということです。多くの会社で課題がわかっているのに解決できないのは、情報の流れ、仕事の流れなどがさまざまな壁で分断され経営を支える仕組みに沿っていないからです。

Q ： その仕組みづくりのために何をしますか？

A ： 全部門参画型で顧客の視点で仕事の流れ（ビジネスプロセス）を洗い出しながら、情報を収集・分析し、経営課題を整理していくことが最も良い方法です。

Q ： 経営者がしっかりコミットして、社員にも行き渡らせてくれれば話は早いと思いますが、そうでない場合はどうすればよいのでしょう？

A ： 経営者が社員に想いや方針を伝えられなかったからこそ、コンサルタントが必要になったわけです。経営者あるいは経営幹部が自ら想いや方針を伝えられるようになるまでは、コンサルタントが話（代弁）をする必要があります。

　しかし、コンサルタントはいずれ会社からいなくなる身なのですから、そのあたりは先方から依存されないように経営者および経営幹部との役割分担を明確にしたうえで会議を持ち、話をしていくことが求められます。コンサルタントの役割として重要なのは会社自身で運用できる、改善できる力をつけてあげることで、定着までの

責任は経営者だけでなく我々にもあるという自覚が必要です。

Q： 人事コンサルティングをスタートする前に、「人事制度を変える意義」等を社員に伝える段階が一番大切な気がするのですが、その際、経営者がうまく運ぶことができるように、人事コンサルタントが支援するには、どのようにしたらよいのでしょうか？

A： 何も事情を把握していない、恐怖心を抱く社員に対し、コンサルタントが社員に直接伝えることは不可能です。できることは、社長を含め管理・監督者や労働組合から正確な情報を伝えてもらうことです。コンサルタントが入る以上、契約上、経営者は嫌でも納得せざるを得ない状況にはなっています。そして、経営者の経営手腕を疑っていながら反発できず従ってきたような経営幹部（特に、次期社長候補）たちは、密かに協力者となってくれる場合もあります。

　既に話したように、コンサルティング初期の段階で経営幹部から一般社員へのインタビューを実施することで（第5章第6節の4）、コンサルタント自身を理解してもらうことや、また人事制度を変えることの意義を理解してもらう非常に良い機会になります。大事なことは、ここで本音の話をしてくれるかどうかであり、たとえ全員がそうでなかったとしても、こちらは嘘をつかないことです。上から目線でインタビューしたところで社員たちには全く通用するはずがありません。

　なお、労働組合がある場合は、彼らの協力なくして制度の運用はできませんので、信頼関係を構築するためにも経営者よりも先にインタビューを行い、協調姿勢を示すことや、コンサルティング・フェーズごとに中間報告会など意見を収集する機会を設けることが重要です。（第4章第7節、第5章第5節参照）

孫子の兵法
「そもそも戦いに勝ち、攻めて取りて、その功を修めざるは凶にして、命けて費留という」。

会社全体を巻き込み人事制度を構築しておきながら、その成果を有効に活用できないならそれは最悪の事態であり、すべてがムダである。

鉄則　三十五

多くの会社で課題がわかっているのにできないのは、情報の流れ、仕事の流れなどが経営を支える仕組みに沿っていないからである。

鉄則　三十八

経営者が社員に想いや方針を伝えられないからこそ、コンサルタントが必要とされる。経営者あるいは経営幹部が自ら想いや方針を伝えられるようになるまでは、コンサルタントが話（代弁）をする必要がある。

鉄則　三十七

コンサルタントの役割として重要なのは会社自身で運用できる、改善できる力をつけてあげること。定着までの責任は経営者だけでなくコンサルタントにもあるという自覚が必要。

第5章

2　リーダーシップの発揮

Q：　人事制度の成功には、リーダーシップが重要な意味を持つのですか？

A：　プロジェクトを引っ張るコンサルタントのリーダーシップも重要ですが、会社のリーダーは特に要となるだけにその役割は重要です。リーダーの皆さんに次のことを問いかけてみてください。そしてあなたも心に問いかけてみてください。

① 　ごまかしていませんか？

② 　支配しようとしていませんか？

③ 　社員をなめていませんか？

④ 　決定権を独占していませんか？

⑤ 　誤解されるようなことはしていませんか？

　社員の活性化は、リーダーとの信頼関係によって生まれます。リーダーそしてコンサルタントには、その基礎を成す"高潔さ"が求められるのです。

Q：　リーダーの条件はなんですか？

A：　リーダーの持つリーダーシップとは、与えられた状況の下で特定目標や課題の達成に向かって人間（個人または集団）の活動に対して影響を与える力（パワー）の行使のプロセスをいいます。このため、リーダーになれる条件は、集団を理解していること、組織目標を実現するうえで他の社員以上に集団に貢献できること、情緒があり社員から人望を取り付けられることが挙げられます。

　しかし、研究者によってリーダーシップの条件は異なり、そもそもリーダーは「育てた」のか「育った」のか、という議論も昔からあります。ただ、最近のリーダーの育て方については、非常に実践的になってきているといえます。

Q ：　リーダーを育てるにはどんな訓練が必要ですか？

A ：　基本を能力開発プログラムに求めるのではなくて、ＯＪＴにおき、異なる部門を経験させることでゼロベースを考えさせる、失敗経験をさせる、事業の立直しをさせる、プロジェクトに参加させるなどの経験学習をさせていくという方法があります。つまり、修羅場を乗り越えた「ひと皮むける経験」が重要と考えられ、それにより責任感が強く勇気と実行力のある組織から厚い信頼を得たリーダーが育つのです。

神戸大学の金井壽宏教授は「ハイフライヤー　次世代リーダーの育成方法」で５点に整理しています。

①　人は経営幹部に至るまで、いくつになっても発達するという基本発想

②　リーダーシップという観点から人を育てるのは、経験だという視点

③　だからといってラインに放置するのではなく、経験を系統立てる方策を追求

④　ラインマネージャー、人事部、経営者の役割を人材開発という面から照射

⑤　経験が大事だというのを前提に研修の意味を再探索

改めて経験を重視している点については違和感を持ちますが、現場の知恵と状況判断行動力は、もともと日本人の得意技であったはずです。現代の組織における現場力の弱まりは、ビジネスという戦争に負けても責任を取らずに居座る経営トップの姿勢にあるのではないでしょうか。

第5章

リーダーの持つリーダーシップとは、与えられた状況の下で特定目標や課題の達成に向かって人間（個人または集団）の活動に対して影響を与える力（パワー）の行使のプロセスのことである。このため、リーダーになれる条件は、集団を理解していること、組織目標を実現するうえで他の社員以上に集団に貢献できること、情緒があり社員から人望を取り付けられることが挙げられる。

3 経営者・経営幹部・社員との接し方

Q : 世代交代が多く行われる時期です。経営者親子で意見が異なる場合もあるのですが……。

A : 親子、夫婦、兄弟であるかどうかはその意見の対立の激しさをいっているのであり、意見の違いは親子、兄弟でなくてもいつも生じることです。この場合は感情的になっている場合もあり、なかなか同じ場で意見を集約、合意をしていくことは難しいので、別々に意見を聞いておき、先に落としどころを決め、それぞれの解決策を検討しておくことです。寄せて2で割るという発想ですが、あくまでも決定は会議（役員会）です。

　肝心なことは感情的にならず、当該会社が目指すべき方向に行くためのあるべき論（目的）からは決して外れないことです。人同士（感情的対立）でなく、意見の対立に転換することです。代表権を持っている役員の持ち株割合も確認しておきましょう。方向性が決まれば、後はできなければいつでもコンサルティングを止めるという決意で対立も辞さず、会社の未来のために行動しましょう。

Q ： 間を取り持つ役目をすることもあるのですか？

A ： 別々に話をしてコンサルタントが調整し、案をもって決めること は絶対にやめましょう。決めるのはあくまで役員会などの会議の場 です。このファシリテイトができないなら親子、兄弟、夫婦の関係 に安易に入らないことです。人生、家財を賭けて事業をしているの ですから、その中で繰り広げられる家族関係については、どんなに 心を砕いて援助しても最終的に第三者であるコンサルタントが背負 えることではありません。

　できることは社員のために会社のために為すべきことを為すとい うことです。

〈コンサルタントとしての姿勢〉

① 経営者の経営理念や経営方針を尊重する（コンサルタント流を押し 付けない）

② 経営者の立場に立った発想をする（あくまでも主体は会社）

③ 独断専行を避け経営者の理解・承認の下で、コンサルティングを 推進する

④ コミュニケーションを密にし経営者との信頼性や人間関係を確立 する

⑤ 経営者に毅然とした態度で信義に則し対決も辞さない覚悟を持つ

Q ： 信頼を得ることができなければ、いい結果を出すことができない と思いますが、どんな工夫をされていますか？

A ： 経営幹部との信頼関係作りは、会社に訪問する以外に、個別にも 社外で話をします。特に、オーナー会社では役員会での話し合いも なく一方的に決定されることが多いので、取締役会の機能を正常に 戻すことを念頭に、事前に調整をしたうえで役員会に臨むことにし ています。

Q : 社員についてはどうですか？

A : 社員については、会社を訪問したときは、会議室に直行するのではなく必ず現場の巡回を行い、挨拶はもちろん、社員の動き、顔つきを見ながら声がけをし、仕事内容やポイントを聞くようにしています。現場を歩くと仕事の量や業績傾向もわかりますし、何よりも社員一人ひとりに接することで、コンサルタントとしての責任感が増してくるというものです。

Q : 社内の意見が激しく割れる場合や無関心な場合は、どのようにすればよいですか？

A : できる限り多くの社員を同じベクトルに向けることを目指します。意見が激しく割れることに関しては、時間さえあれば妥協点を見つけることができますが、無関心で無言の場合は対応がかなり難しいです。ただ、放っておいても答えは出てきませんから、コンサルタント側から危機感を醸成させ、行動変革を起こさせるような課題をリーダークラスに背負わせ揺さぶりをかけるしか方法はありません。その揺さぶり（ゆらぎ）から出てくる部下達の反応に合わせて次の対応策を考えることです。

Q : 社員が抵抗した場合、どう対処したらよいですか？

A : 注意すべきは抵抗のすべてを否定することなく、柔・剛使い分け臨機応変に対応をしながら経営革新（変化）するという意志を貫くということです。もう一点、リーダー自身が言動の変化をすることなく、抵抗する場合には役割交代も考えましょう。「まぁまぁそんなに急いで頑張らなくても……」「何もそこまでしなくたって……」などの言葉が依然として出る経営幹部および管理者には、早いうちに影響の及ばないところに異動してもらうことです。経験上、役割を交代しなければ改革は必ず遅れていきます。

既に述べたチェンジ・エージェンシーを中心に改革の火種（改革意識の強い社員）を増やし、改革の空気を作ることです。周りには

その気になればついてくる人材も多いのです。なぜなら、人間というのは自分以外に大勢の人がいると取りあえず周りに合わせようとする心理状態（多数派同調バイアス）があり、他人と協調することにより組織を発展させていくという心理を思い起こさせることになります。

Q ：　日常業務に追われている会社側に時間を作らせる方法はありますか？

A ：　改革、改善は仕事の一部であるという認識を経営者以下全社員が認識することです。仕事＝標準作業（仕事）＋問題作業（改善しなければならない作業）であることを徹底させます。

　　指導は仕事として認識してもらうためにも、インタビューの時点（職務調査）から動機付けのための宿題を出すなどしていきます。

　　例えば、営業社員の行動を把握するインタビューの中で、マーケティング的な業務が少ないと判断された際には、顧客について調査をしてもらい、顧客台帳を作ってもらう、あるいは営業日報の雛形を提案してもらうなど、現時点で実施していなくても今後、仕事の中で必要だと思われることを、どんどん挙げていきます。

Q ：　契約期間を守るために、会社側、コンサルタント側の時間管理をどのようにしたらよいでしょうか？

A ：　企画提案書の指導スケジュールを常にチェックすることが基本ですが、さまざまな抵抗にあい遅れがちになることから、早目早目にステップを進めていくことです。スケジュールに合わせることなく、やれることは順次進めていくことです。

　　私の場合、手帳に赤字で当初のスケジュールと事前準備事項を書いておくとか、携帯電話メモに「××年○○月□□日に……改革はできているか」とアラーム付きで指導テーマを登録していきます。目標設定ですね。

　　会社側（経営者や窓口責任者）には、ステップごとに進捗状況の

報告、次ステップでの障害（抵抗）やその回避策などについて話をしておき、常に互いに最善の方法をとっていることを確認し合いながら進めるよう注意することです。経営者は特に焦りますし、都度、確認をしてもこれまで実際に経験もしたことがないのであれば、起こることすべてに対して不安を感じるものですので、その解消は必要となります。

ダウンロードデータ　指導経過報告書

鉄則 三十九

会社を訪問したときは、会議室に直行するのではなく必ず現場の巡回を行い、挨拶はもちろん、社員の動き、顔つきを見ながら声がけをし、仕事内容やポイントを聞くようにする。現場を歩くと仕事の量や業績傾向もわかり、何よりも社員一人ひとりに接することでコンサルタントとしての責任感が増してくる。

鉄則 四十

チェンジ・エージェンシーを中心に改革の火種（改革意識の強い社員）を増やす。改革の空気ができれば、周りにはその気になればついてくる人材も多い。

鉄則 四十一

注意すべきは抵抗のすべてを否定することなく、柔・剛を使い分け臨機応変に対応をしながら経営革新（変化）するという意志を貫くことが大切。もう一点、リーダー自身が言動の変化をすることなく、抵抗する場合には役割交代も考える。

鉄則　四十二

改革、改善は仕事の一部であるということを経営者以下全社員が認識することが重要。仕事＝標準作業（仕事）＋改善作業であることを徹底させる。

4　業務の標準化・文書化

Q：　経営者は楽をしたいからコンサルタントを雇うのだという気持ちもあるように思います。会社側に手間ひまがかかるので、それをやることについて理解してもらうのが大変です。どうすればよいでしょうか？

A：　手間ひまがどの程度必要かをアプローチ・ブックや企画書で明示しておき、協力を求めても理解しないのならこちらの工数を増やすしかありません。コンサルタントに任せた以上は、経営者が進め方などの面でコンサルタントにすべて従ってもらえる信頼関係を構築しておくことも大事です。

Q：　コンサルティングの中で社員が作成する書類の多さを感じています。文書化することは必要でしょうか？

A：　最低限の文書化は必要だと思います。成熟度の低い企業の多くは、誰がどのような仕事をどうやっているのかを把握することなく運営しています。クレームが多いとか同じ間違いを繰り返すなど業務品質が安定していない企業です。やはり組織はある目的に向かって「効率性」と「有効性」を重視しなければ成長することは難しいといえます。このためには、標準化させることが一番の方法となります。

　ひとつ注意をするならば、成熟度の低い閉鎖的で見えない（もちろん、組織的に非効率的だと気づいていない）レベルから今の業務処理方法を無視して一気に管理できるレベルにまで演繹的に標準化

第5章

することは無謀です。人間の成長と同じで少しずつ改善を重ねながら安定した時点で文書を少なく（簡素化）していくことが必要です。

5　労働組合対応

Q ：　労働組合がある場合、労働組合の信頼を得るにはどうしたらよいでしょうか？

A ：　前提条件として経営者の意思の下、「雇用の確保」を保障する宣言が必要です。そうでなければ危機にも耐えられません。安心と信頼、つまり心で引き留めなければ良い人材から辞めていくことになります。必ず経営者同様、経過報告、説明会を細かく実施することです。組合の協力がなければ改革ができるはずもありません。

Q ：　労働組合の方にもインタビューをしますか？

A ：　指導を開始したら即、労働組合役員にもインタビュー時間をとってもらい、労働組合から見た会社、会社の歴史、または労働組合の悩みを聞くことにより、社員だけでなく経営者の姿勢を読み取ることもできます。加盟している上部団体があれば、どのような運動理念を掲げているか確認し、理解しておきましょう。

Q ：　労働組合の団体交渉（以下、「団交」という）の席上に出て行って、「こういう人事制度の改革を考えているのだ」ということがありますか？

A ：　団交に出ることはありません。労働組合員に説明してくれという話であればします。本来なら経営者が行うことですが、それができず要望があった場合は労働組合側の承認の下で説明せざるを得ません。労使双方で前向きな議論を促す支援ができるとしても、団交の主体者はあくまでも労使です。人事コンサルタントがそこに入る余地（権利）は基本的にはありません。事前の労使協議会なども同様です。

6　これからのコンサルティングの指導方法

Q ：　新型肺炎が収束したとしても、今後も局地的感染や季節的流行が起こる可能性もうわさされており、社会的距離をとるなど生活様式の変化は避けられません。このため、コンサルティングが中断する（延期）あるいは中止になる可能性があります。どのような対応が求められるでしょうか？

A ：　全国緊急事態宣言によって多くの方が外出や都道府県をまたがる移動が制限され、コンサルタントもコンサルティングや講座・セミナーが延期や中止となりました。

　　そこで活用できるツールとしては、ｗｅｂ会議システムが考えられます。ただ、大きな問題がそこにはあります。人事制度は設計するだけではなく、運用されなければ意味がありません。つまり、運用を考えた設計、導入ができているかどうかが重要となります。

　　これを実現するためには、運用する従業員の目標意識、管理姿勢、勤労意識、保有能力、協調性や忠誠心など人間的側面が重要となることから、これを制度設計前の段階（事前診断の段階）から把握しておく必要がありますが、ｗｅｂ会議ではこれを把握することが困難です。ヒアリング時に、相手の反応を観察することで、面談ならではの多くの情報が得られます。目、口、しぐさなどから感じられる抵抗感、虚言など五感から得られるものだけでなく、第六感も働きます。部門間、職位間、従業員間の関係性も直接反応を見ながら、発言には出てこない心の深層にある問題の本質（原因）を探り出し、後で事実を拾い集めることをしなければいけません。

　　つまり、コンサルタントとして合理性を追求しながら制度構築をするためには、ｗｅｂ会議では把握できない情報（表象上の事物）があり、やはり何度か現場を観察し、直接、従業員にヒアリングをすることでこれを解決しておく必要があります。コンサルタントは、社員は判断や行動をしながら日々悩み不合理が生まれていることを

理解したうえで、合理性（科学的、理論的、制度的）をどこまで追求し、組織の課題を解決していくかが問われます。

Q： コンサルティングにおいてｗｅｂ会議ツールを活用する場合、注意すべきことは何でしょうか？

A： もともと、プロジェクト型でコンサルティングを進めているのであれば、ｗｅｂ会議ツールになったとしても要領として大きく変わることはありません。契約締結前に提出する企画提案書において図表５－10のようにコンサルティング内容、アウトプットとスケジュールを明確にしているわけですから、これに基づき常に双方がアウトプット内容とコンサルティング進捗状況を確認していくだけです。ｗｅｂ会議では、互いの資料を共有化しながら議論もできますので、ここで差異が生じているのであればその原因を確認し、対策を立てることが必要となります。

既に述べましたが、プロジェクト型で制度構築していく場合は、窓口責任者の役割が非常に大事です。窓口責任者との調整の下、各プロジェクトチーム（多くは部門ごとのチーム）のメンバーの役割分担を明確にしておくことも大切になります。ただ、窓口責任者も初めての経験で要領を得ないことも多くありますので、窓口責任者以上に各プロジェクトチームのリーダー（部門責任者）との信頼関係が必要となります。（第５章第５節、第８節を参照）

なお、クライアント内の抵抗勢力との調整に時間がかかることが多く、前倒しで進むことが少ないコンサルティングについては、定期訪問以外でもｗｅｂ会議を活用し、クライアントが検討している途中段階の資料を共有し確認することで、双方のスケジュール管理に代えることもできます。

コンサルタントは「結果（アウトプット）がすべて」ですが、先に述べたようにクライアントが自分達で運用できないような制度を設計したところで意味がありません。制度を設計し、基準や規程を置き去っていくだけの無責任なコンサルタントになってはいけませ

ん。コンサルティングにおいて「結果（アウトプット）がすべて」とは、どんな分野であっても、設計、導入した制度が業績に貢献することにあるのです。その意味では、常にこのスケジュールを念頭に、クライアントと真摯に向き合い、対応していくことが重要です。

▌ 図表5－10　企画提案書に記載するコンサルティングでのアウトプット

作業フェーズ		アウトプット	説　明	期　限
第1フェーズ		中間（簡易診断）報告書	インタビュー・資料分析を行い現状分析をした結果での経営課題、特に人事管理に関する課題を抽出し、基本方針を立案する。	6月
		概要設計書	基本方針に沿った人事管理方法全体の基本設計を行う。	
第2フェーズ	目標管理制度	目標管理制度要綱	目標項目、目標管理運用ルールおよび留意点を定める。	7月
		役割デザイン・マトリックス	全社、部門別、グループ別等必要な役割デザイン・マトリックスを作成する。	9月
		目標管理シート	職群別、階層別等での目標管理シートを作成する。	翌年1月
第3フェーズ	等級制度	役割基準書	等級基準に沿って全社員を格付けする。	11月
		等級基準	等級の基準（権限責任、役割行動能力など）を定める。	12月
		格付け	等級基準に沿って全職員を格付けする。	翌年1月
	能力開発制度	能力開発制度要綱	経営課題－等級基準に基づく能力開発コース（研修）の策定 社内資格制度、公的・民間資格の導入	翌年2月
	賃金制度	賃金規程	賃金体系、賃金テーブル、決定方法を作成する。	翌年3月
		賃金辞令	新賃金体系への移行と賃金辞令の作成	翌年4月
	退職金制度	退職金規程	退職金・ポイント表、拠出金・掛金表、運用方法を定める。	
	評価制度	人事考課制度要綱	評価基準、評価ルール等を定める。	
		人事考課シート	役割（職群別、階層別）の人事考課シートを作成する。	翌年5月
		人事考課者訓練用ケース	人事考課者訓練用教材（職種別）	翌年7月

9 診断報告書

Q： 診断報告書の書き方がわからないのですが、どのようなことをどの程度書くのですか？

A： 難しく考える必要はありません。次のことを自然体で書き上げていくことです。

・会社の経営の特質と基本課題
・経営資源分析（ＳＷＯＴ分析）結果
・財務分析
・経営管理システム上の診断結果（組織人事管理、生産管理、営業管理など経営機能別に）
・社員意識調査結果
・経営課題（成功要因）
・課題解決方向と課題解決手順
・課題解決スケジュールおよび取組み体制など

を示すのが診断報告書です。これに分析資料などが添付されることになります。

　報告書は難しい専門用語で書こうと思わず、インタビューや資料調査から出てきた言葉（会社の共通言語）をそのまま活用し、自然

体で記述するほうが相手の理解が深まります。さらに物語性を持たせると身近に感じてもらえます。

Q ： 診断報告書ではどういうことを示しますか？

A ： 基本的には客観的な情報やデータを調査・収集し、これを分析することで、会社が今置かれている状況を整理し、将来への展望を開くための全社および部門別の経営課題の設定と改革・改善案を示すものです。

この間、分析結果の妥当性の確認や結論などについては会社と意見交換・討議を繰り返すことになります。情報収集が不十分なことがわかればすみやかに追加調査を実施します。

ダウンロードデータ　診断報告書

Q ： 「診断報告書に物語性を持たせる」とはどういう意味ですか？

A ： 診断報告書の各項目を目的に関連付けることが大切です。目次からもその目的達成に必要な要点・手順がイメージできるように配慮されていることが必要です。

診断報告書は基本的に分析されたデータや事実に基づいて書かれるものが多く、合理的な内容だけになってしまいがちです。それでは遊びがなく、聞いていて飽きてきますし、話題によっては嫌気がさすこともあるやもしれません。

中小企業の経営者から「コンサルタントに入ってもらい、ぶ厚い報告書が出てきたが、難しくて読んでいると眠くなるし、寝ようとしても堅くて枕にもならない」という冗談のような本当の話を聞くことがあります。物語性を持たせることにより、実現化できるイメージを浮かばせることは課題解決の第一歩です。

第5章

Q ： 「未来を予測して書く」とはどのようなことですか？

A ：　予測とは、論理性と理想的な（会社）目標が必要です。過去や現在をどう捉えて、どう未来につなげていくかということです。

　例えば、過去に失敗したことについてその失敗した原因やパターンを明らかにし、それを克服し再び復活させることや環境分析から得られるデータや情報（過去から未来予測までの）から究極のシナリオ（極論）を描くという場合もあります。

　いずれにしても、前提にコンサルタントとしての哲学と創造性が必要です。また未来が「絶対に」ということもありません。賭けのところもありますが、空理空論にしないためには、明確にした目的を達成するための手段を提示することです。

Q ： そのためにできることは何でしょう？

A ：　その手段については、自身の経験、他社のベンチマーキングなどを行い、できるかぎり多くの手段を探し出すという努力が必要となります。目的が変われば、手段もそれに連動して変えることになります。

　また、診断書では文章化により理論性を持たせて、その中で経営方法の矛盾を突くことが必要です。会社の現状を正しく把握して、ダブリとモレをなくすという論理的な思考が必要です。

　そのツールとしてロジック・ツリーという技術があります。問題の原因を探求したり解決策を具体化する際に、論理的に分析・整理した原因や解決策をツリー図にして作成します。特性要因図や系統図などはそのひとつです。

　特性要因図は過去の問題について整理分析する際は、帰納的に因果関係を明らかにし、系統図は中長期（未来）の問題分析する際は、演繹的に目的手段の関係を明らかにしていき、問題解決思考で構造化しながら論理を詰めていくことで矛盾点をなくしていきます（図表5-11参照）。

図表5-11　特性要因図から系統図へ

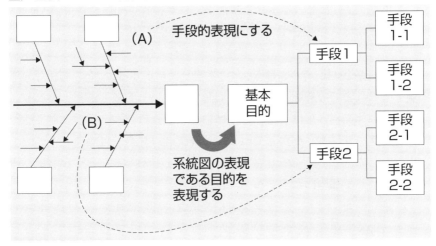

Q ： 診断した結果、大手人事コンサルで作ってもらった人事制度が運用できないということがわかりました。全部作り直さなければならないのでしょうか?

A ： 運用できない理由によります。基本的には既に時間と高いお金をかけて構築しているわけですから、会社としては二重の経費はかけたくないでしょう。

したがって、例えば職種別に基準書、賃金表、人事考課表など数が多いために管理・運用しにくいという理由であれば、その会社には不釣合いだとしても相当丁寧に制度を構築している可能性がありますから、まずそれを活用することを考えることです。

Q ： どうしてそんなことが起こるのでしょうか?

A ： 何のためにそのコンサルタントに頼んだのかという目的を経営者が忘れてしまっていることもあります。

経営者は、多少の困難を前提に経営目的を果たすためにしっかりと勉強し、コンサルタントに対して意見できるレベルになることです。さらに疑問が解決でき合意できれば、コンサルサントの指導に

従う積極的な姿勢が必要です。このためには、コンサルタント側も現在、何をしているかコンサルティング過程を明確にし、常に目的・目標に戻ることです。

Q： 調査の結果、賃金を触らなくても会社を良くする方法はありますか？

A： これまでの経験上、賃金の問題でない場合も多くあります。多くの会社で、人事は人事、営業は営業、製造は製造……というようにバラバラに考え動かしています。経営者も体系的に整理できていないため、その時々の直感で指示をすることが多々あるようです。結果として部門間がチグハグ（仕事面だけでなく感情面も）したり、非効率的になることも少なからず見受けられます。

会社で起こるすべての問題が賃金によって引き起こされているわけではないのですから、チグハグして非効率になっているところを整理するだけでも気づきがあり変わってきますし、部門（問題）によっては管理水準を上げるだけで賃金制度を変更することなく会社を良くすることは十分に可能です。

経営者や経営幹部は、社員に対して会社における部署あるいはその人の位置付け（役割）をはっきりさせていないために、社員達のやる気を失わせていることに気づいていないのです。

鉄則　四十三

報告書は難しい専門用語で書こうと思わず、インタビューや資料調査から出てきた言葉をそのまま活用し、自然体で記述するほうが相手の理解が深まる。

鉄則　四十四

診断書というシナリオの前提としてコンサルタントとしての哲学と創造性が必要。また未来が「絶対に」ということもない。空理空論にしないためには、明確にした目的を達成するための手段を提示することが重要。

鉄則　四十五

コンサルタント側は、何をしているかコンサルティング過程を明確にし、常に目的・目標に戻ること。

第5章

鉄則　四十六

多くの会社で、人事は人事、営業は営業、製造は製造……というようにバラバラに考え動かしている。経営者も体系的に整理できていないため、その時々の直感で指示をすることが多くある。結果として部門間がチグハグ（仕事面だけでなく感情面も）したり、非効率になっていることも忘れずに。

⑩ 中間報告

Q : 中間報告会ではどのようなことをするのですか？

A : 診断を受託した際の企画提案書に書かれたコンサルティング目的の明示、診断が始まってから実施してきたこと（①資料・データの調査・分析結果、②中間成果＝現段階で見えてきた課題および解決方向の報告、③最終報告の見通し説明）、今後の作業と予定スケジュールが中間報告会の内容になります。

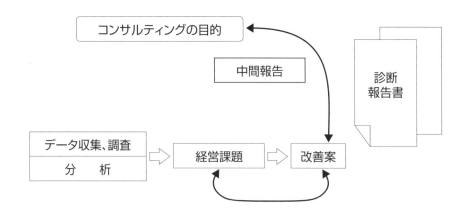

Q ：　中間報告会で方向性の確認をするときのポイントは何ですか？

A ：　中間報告書の内容について討議を行い、方向性の確認をすることになりますので、そのときまでに次のことを実施しておきます。

〈中間報告会までに実施すること〉

① 　顧客、社員、幹部を対象に徹底的なヒアリングをしておく

② 　人事改革の各プロセスにおける社員各層の参画、賛同を得られるよう PR しておく

③ 　改革の各プロセスが各社員層でどのように受け止められているか等を徹底的にモニターしておく

④ 　モニターの結果、情報不足が社員の理解を妨げていることがわかれば、積極的に情報を流しておく

⑤ 　反発が出ている場合には、社員の徹底的な啓蒙や、社員間の世論形成を仕掛けておく

　　顧客にしてみれば都度、報告はしていてもコンサルティングの流れがわかっているようでそうでないことのほうが多いので、その行き違いを埋めることが必要です。コンサルティングの目的に沿って、ここまでの作業がコンサルティング成果のどこにどう結びつくかについて、コンサルタントの仮説を切り口に議論し、答えを導き出していくことになります。

Q ：　会話の量も必要でしょうか？

A ：　クライアントの信頼を得るには、労を惜しまず、こまめに出向くことも大事です。役員には耳が痛くなるようなことも言っておかなければなりません。事前に報告の意図と今後の方針をしっかりと理解してもらうような機会（密会）を多くとることです。

Q ： 目的に沿っていることがポイントでしょうか?

A ： そうです。コンサルタントは制度の構築や障害への対処など、コンサルティングが進んでくると制度の構築があたかも目的のように感じてきます。必ず人事制度を（再）構築することになった当初の目的を何度も思い出し、その目的を追求する、あるいは目的をバージョンアップすることを忘れないでください。

Q ： 中間報告会はどの立場の人までを対象にするのがベストでしょうか?

A ： 経営者など上位から理解していただかなければ、社員の前で恥をかくことにもなりかねません。まず、役員会メンバーを中心に、そしてテーマによって経営幹部（管理者）に入ってもらい、確認と討議をしていきます。

鉄則 四十七

コンサルティングの目的に沿って、ここまでの作業がコンサルティング成果のどこにどう結びつくかについて、コンサルタントの仮説を切り口に議論し答えを導き出していく。

11 職務分析・職務評価

Q : 働き方改革の中で、同一労働同一賃金が注目されていますが、そもそも同一労働同一賃金とはどのようなものなのでしょうか?

A : これは、賃金の歴史から説明しなければいけません。賃金の始まりは資本家と労働者という社会関係ができる産業革命時代にさかのぼります。この前期は、労働者が保護されることなく、長時間労働や賃金の切り下げなど、極端に酷使されていた時代であり、そもそも「能率」が問題となることはありませんでした。しかし、後期になると労働者の団結が始まり、団体交渉や工場立法による標準労働日の確立によって、ようやく賃金が近代化されることになり、そして、この過程において企業は初めて「能率」を考える必要に迫られることになりました。

　当初は単純出来高制のような能率増進策によって、労働者の自発的な勤労意欲を喚起しようとしましたが、能率が向上することで賃金が上昇することを嫌う経営者側による賃金切り下げが繰り返し行われ、それにより組織的怠業と能率低下という事態を招くことになりました。そこで刺激的賃金制度が研究されることになり、テイラーによる差別的出来高給制度が登場することになったのです。

同時に、16世紀頃から始まった女性解放運動と労働組合運動が合わさり、男女間の賃金差別をなくすための「同一労働同一賃金」が展開されていきました。こういった男女差別を廃止すべきという社会的要請もあいまって、1836年にアメリカ連邦議会において、政府の書記的職務（職員）の同一労働同一賃金が決議されるなど、海外においては、ブルーカラーだけではなくホワイトカラーについても、能率と同一労働同一賃金の議論が長く行われてきました。賃金の基礎を「能率」に置き、また、職務（仕事）の価値が同一の場合は賃金も同一であることを当然とする欧米と、日本のように終戦直後20年間、およびここ数年ほど前から議論され始めた国とでは全く次元が異なるのは当然といえます。

Q：　これを実現するためにはどのような取り組みが求められるのでしょうか？

A：　日本の組織の場合、人が仕事（職務）を選びますが、本来、仕事（職務）は人を選びません。この意味は、組織目的・目標から機能展開し、それを職務として設定することで、初めて人は職務を通して組織に関与できるのであり、この職務を遂行できる者であれば、性別、年齢、人種、国籍などは関係ないということになります。

　しかし、残念ながら日本には、働き方改革の中でいわれているように同一価値の仕事であるにもかかわらず正規、非正規社員での大きな賃金格差が存在しているだけでなく、定年制度や年齢に応じて支給される賃金の存在、依然低い女性管理職比率、不相応な外国人技能実習生の処遇など多くの問題があります。生産人口が減少していく中、働き方改革を進めていくにあたり、多様な人材の属性に合わせて、働き方の多様性を受け入れるダイバーシティ・マネジメントが求められてきており、このためにも職務の本質についての理解を深めていくことが求められます。

Q：　この同一労働同一賃金を実現するためにはどのような取り組みが求められるのでしょうか？

A：　そもそも同一労働同一賃金は、仕事を基準とする賃金であり、これは労働市場における職務の価値で決まるものです。正確には「職務評価によって支給される賃金」といわれ、海外ではこれが一般的です。日本ではこれを、職務給およびミッションバンド型賃金（日本では、管理職に導入される役割給に類似）と呼んでいます。重要なことは、職務給は、職務分析、職務評価を前提に支給される賃金であるということです。

　職務分析は基本的に、生産現場での動作研究・時間研究を起源とし、後に今のように人事管理に活用されることになりました。この職務分析によって、各職務が標準化され、「1日の標準能率」を明らかにすることができ、その結果、標準賃金が設定されました。つまり、この手法によって標準能率＝標準賃金が基礎となり、職務間で能率を基準とした賃金の均衡化が図られることになったのです。（第3章第3節の「執務基準」を参照）

　また、職場に間接作業者やホワイトカラーなど能率だけでは測れない職務が増加し、これら職務間の均衡を図るために、能率度を含む執務基準を前提に、職務に必要な知的（知識、能力）、熟練、精神的・肉体的負荷などの難易度を加えた要素によって職務を評価する手法を生み出すことで解決してきました。つまり、同一労働同一賃金の実現のために、今後、人事コンサルタントは職務分析、職務設計および職務評価ができることが必須条件となってくるのは間違いありません。

[12] プロセス・アプローチ

Q ： 先生のコンサルティングの特徴であるプロセス・アプローチです
が、どうもよくわかりません。身近な例でご説明いただけますか？

A ： あなたが朝起きて寝るまでの1日の行動を思い浮かべてください。
多くの行動（ステップ）のつながりがそこにはあります。目を覚ま
し、出勤のために家を出るまでのプロセスでも、「ベッドから出る」
→「洗面所に行く」→「歯をみがく」→「髭を剃る」→「顔を洗う」
→「整髪する」→「服を着る」→「時計をはめる」→「資料を鞄に
入れる」などのステップがあります。

プロセス・アプローチは、このような目を覚ましてから家を出る
までのプロセスを改善することで、いつも同じ時間に家を出るため
にはどうしたらよいかとか、もっと早く出るにはどのステップでど
のような工夫や管理をしておけば時間を短縮することができるかな
どのことを考え、流れや行動を変えることをいいます。仕事もステッ
プが続くプロセスがあり、これを改革・改善することで仕事の質が
高まり、業績も出てくるのです。以下はプロセスごとの改革・改善
するための問いかけの例です。

☐　今日の生産性（投入コストに対する生産高）はどうでしたか？

☐　移動時間や事務処理、単なる調整のための打合せなどのムダな時間はありませんでしたか（お客様のために十分な時間がとれましたか）？

☐　想定したとおり、手順どおり作業は進みましたか？　お客様や社員との行き違いはありませんでしたか？

☐　お客様の要求（品質、コスト、納期）に合わせたソリューションを提供できましたか？

☐　苦情、クレームはありませんでしたか？

☐　明日の準備、計画は立てましたか？

☐　今日1日、お客様本位に考え仕事ができましたか？

☐　お客様との親密度は上がりましたか？

☐　お客様のために反省すべきこと、見直さなければならなかったことはありませんでしたか？

☐　お客様の問題解決のために能力の向上を図る時間はありましたか？

第5章

これらの問いかけの結果は、プロセスと自身の能力の向上で改善することができます。多くの問題はプロセスで解決できるのです。それが仕事の改革です。

Q：　各プロセスにおける職務活動（業務）はどのようにして導き出すのでしょうか？

A：　業務プロセスのステップごとに期待される成果と必要となる職務活動を洗い出し、高業績者を分析することでコンピテンシー（行動特性）が抽出できます。これは、大きなプロセス（例えば顧客に奉仕するすべての活動を組み合わせるといった基幹プロセス）にも、小さなプロセス（例えば顧客の苦情に応えるといったサブプロセス）にも適用できます。

職務活動とは、業務のことであり、業務とは、生産、販売、購買、財務といったものをいいます。これらは経営の基本機能といわれる業務ですが、基本機能にはこのほかに総合管理機能、人事機能、技術機能などがあり、それぞれに付随する業務があります。

　業務は、多くの場合、いくつかの要素からできており、それぞれが関連し合い、その業務の目的を果たす働きをしています。この働きを「機能」といいます。

　例えば、販売機能（第1階層）には、販売計画、販売活動、受注対応、在庫照会、返品、クレーム対応、売上請求処理、回収処理などの機能（第2階層）が、販売活動機能には電話営業、価格調整、訪問販売、接待、商品説明会、営業報告、与信設定、取引停止手続などの機能（第3階層）があります。まだまだ階層は落とし込むことができます。

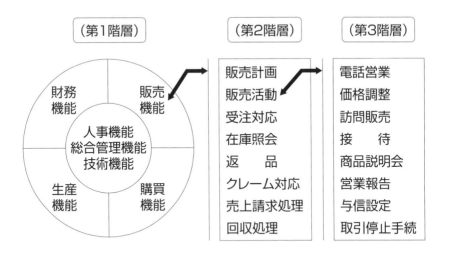

　私の場合、プロセス展開表を活用し、ヒアリングをしながら職務活動（業務）と役割行動能力を整理していきます。大企業であれば事前に職務（分担）調査票を活用することにしています。

　プロセスを構成する職務活動（業務）を洗い出すためには、以下の手順があります。

STEP 1 ：経営戦略と経営計画を確認する

STEP 2 ：組織図を見て各部門と役割（機能）を確認する
　　　　　（組織機能の把握、整理）

STEP 3 ：現在の業務調査・職務（分担）調査を行い、業務を洗い出す

STEP 4 ：現状で問題がある業務があればそれを見直す

STEP 5 ：経営戦略と経営計画に必要な機能（業務）を演繹的に検討し
　　　　　洗い出す

STEP 6 ： STEP 3 で洗い出された業務、 STEP 4 で見直された業務およ
　　　　　び STEP 5 で導き出された業務を整理する

Q ：　職務活動（業務）を洗い出す際にプロセス展開表を活用すること
になりますか？

A ：　具体的には上記の STEP 3において、プロセス展開表を使って現
在の仕事の流れとその内容を洗い出します。

　　　例えば、面談で伝票記入といった表面上に表れた個々の作業では
なく、その作業を行う目的や、その作業の意味（本質）を表してい
ます。プロセス展開表は次のように進めます。

〈「プロセス展開表」の書き方〉

STEP 1 : 日々行っている仕事をあれこれと大まかに思い出す（同じ目的を持った作業を大括りしたものが業務）。

STEP 2 : **STEP 1** で洗い出した業務を「プロセス展開表」の横軸の単位業務名に順に記入する。

STEP 3 : **STEP 2** で記入した単位業務ごとに作業手順を思い出す。その際、具体的に作成する資料、帳票（作業のアウトプット）を思い浮かべ、作業をより具体的にイメージする。

STEP 4 : **STEP 3** で順に思い出した作業（行動）を「プロセス展開表」の縦軸に書き込む。

STEP 5 : 単位業務ごとに記入された縦軸＝作業（行動）を一つひとつ確認する。

確認した際、業務の目的に合わない作業（行動）があったときは、別の（目的を持った）業務として別途、横軸の単位業務（名）として、新たに作業手順を記入してください。「この手順でこの資料（帳票・伝票）を作成している目的は何だ？」と考えて「プロセス展開表」を見直してみてください。

ダウンロードデータ　プロセス展開表

Q ： 各プロセスにおける職務活動にはどのようなことが必要ですか？

A ： プロセスを構成する職務活動は、密接に関連付けられ、かつ組織された作業としてすべて共通の目標に向かって協力して行われなければなりません。またプロセス内の各ステップに携わる社員は目標を共有しており、マルチタスク（多能工）であることが必要です。

顧客満足の追求という目的を実現する段階で、各プロセスを構成する職務活動が見えてきます。そうすることで初めてプロセスは具体的な形になります。

Q ： 顧客満足の追求という目的を実現するプロセスとは？

A ： ブレーンストーミングで部門別に仕事を洗い出し、それを順に並べていくことになります。IN − OUTの情報を具体的に出し、フローチャートを描くように書き出していくことをお薦めします。どうすれば顧客満足が得られるのかあるべきプロセスを挙げ、現状行っている仕事の内容とその流れが異なるのであれば改善していくことになります。課業レベルまで出てきた仕事を行動レベルまでに落とし込むことになります。

プロセスの重要な評価尺度は、プロセスのアウトプットとしての顧客満足となります。顧客がプロセス・デザインとプロセス・パフォーマンスの最後の審判者ですから、会社はプロセス・マネジメント・プログラムのすべての段階にわたって顧客の視点を入れる必要があります。

Q ： 焦点をはっきりさせるイメージですか？

A ： コア・プロセスの変革によって、組織内に散在しているコア・コンピタンスを、市場・顧客の特性に合わせて組み合わせることが組織力レベルでできるようになることが重要です。当然、スキル（コンピタンシー）を持った人材が自社にどれくらいいるのかが問題となります。このため、新しくなったプロセスにおいて職務がスムーズに遂行されるために必要な個々人の職務活動と行動様式を洗い出すわけです。

Q ： 顧客満足を追求するためのプロセス設計（再編）をするということなら、業種によっては顧客特性以外の横断の仕方もあるのでしょうか？

A ： プロセス設計の基本は「顧客バリュー（顧客に提供する価値）」の視点から職能機能を横断することにあります。この顧客バリューには3つの指向があります。いずれにしてもプロセスの再設計なしではできないものです。

〈3つの指向〉

① 事業指向

　新しい事業領域への進出により提供する顧客バリューであり、複合事業化や系列外取引の拡大がこれに当たります。

② プロダクト指向

　顧客へのアウトプット（製品・商品）を新たに作り出し、提供します。

③ デリバリー指向

　短納期化に合わせチャネルを再編するなどがあります。

▌ **図表5-12　組織機能とプロセス・アプローチ**

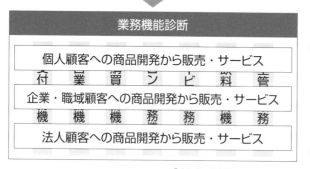

『改訂版 役割等級人事制度導入・構築マニュアル』（P.192）

Q：　パターン化も可能ですか？

A：　業種によって固有のプロセスもあり、それぞれにプロセス再設計が必要ですが、顧客バリューの視点からすれば、ある程度、パターン化できることは間違いありません。時に、これが「プロセスは、創造性を低下させ、柔軟にしなければならない業務を固定し、才能を手続き論で代用しようと考えている」と否定的な見方につながりますが、これは間違った導入、運用をしているビジネスプロセスの場合です。

Q：　このプロセス設計（再編）をするためには、現在行っている業務を顧客特性ごとに分けて考えて、他の人（特に他部署の人）が混乱なく行えるのでしょうか？

A：　基本的には、プロジェクトチームなどにて顧客バリューを分析し、現状のプロセス分析および新たなプロセスを再設計し、これを文書化(マニュアル化)することが重要となってきます。後はこれに従って、関係する社員に対して教育訓練を実施し、効果測定できるようにプロセスごとの目標数値を設定、実行途中で業務監査するなど管理システムを動かせるようにすることです。すべては、プロジェクトチームなどで決定したベストプラクティスを文書化し、標準化させることから始まります。

第5章

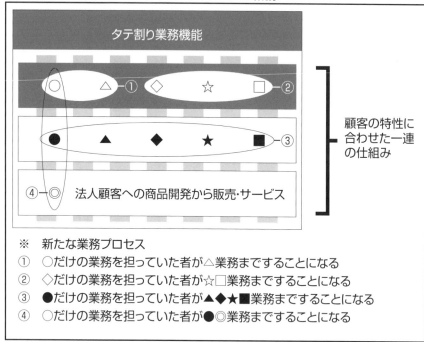

図表5-13　プロセス・アプローチと職務

タテ割り業務機能

顧客の特性に
合わせた一連
の仕組み

④-◎　法人顧客への商品開発から販売・サービス

※　新たな業務プロセス
① ○だけの業務を担っていた者が△業務まですることになる
② ◇だけの業務を担っていた者が☆□業務まですることになる
③ ●だけの業務を担っていた者が▲◆★■業務まですることになる
④ ○だけの業務を担っていた者が●◎業務まですることになる

『改訂版 役割等級人事制度導入・構築マニュアル』（P.193）

Q：　プロセス展開表による分析によって部門に求められる業務（課業）、
手順および職務活動（行動）を明らかにすることは理解できました
が、そこから、職務再設計がなぜできるのかわかりません。

A：　プロセス展開表で明らかになる業務（課業）には当然、難易度お
よび責任度が決まってきます。職務の設計は、既に述べた顧客満足
の視点が大切ですが、設計によって能率が低下するようでは意味が
なく、顧客満足と能率向上の両方を目指して行われる必要がありま
す。このためにも、各業務の量的、質的な標準（目標）値を明確に
したうえで、各業務および職務活動（行動）の難易度や責任度を考
慮し、職務を設計していくことになります。この難易度や責任度を
明らかにすることを、職務評価といいます。

　通常、職務を設計したのちに、その職務内容を見て評価をします。しかし、課業そのものあるいは複数の課業をまとめていき職務を設計していく際に、あらかじめ各課業の難易度を考慮しておけば、難しい課業と簡単な課業を一つに職務設計することで発生しがちな「職務としての能率が低下すること」が起こりづらくなります。つまり、事前に各課業の評価をしておくと最適な職務設計が効率よくできることになります。プロセス展開表の各役割行動に難易度（レベル）をつける理由は、業務（課業）の難易度を明らかにするためにあるということになります。

　これによって、難易度の高いレベルの業務をまとめ、高いレベルの職務に設計し、そこに高い能力を持つ従業員を格付けることこそが能率およびモチベーションにもつながることになります。

Q ：　職務設計することによって職責が明らかになること以外に、他にどのようなメリットがありますか？

A ：　職務分析によって設計される職務は、既に述べたように仕事に期待される量、質そして能率と責任度が明らかになっていますので、短日勤務、短時間勤務あるいは在宅勤務に適している職務やその内容を明らかにすることもできます。このため、多様な働き方の推進が可能になり、社員が育児・介護、自己啓発、社会活動などのために時間を割くことができるのと同時に、会社によっては有能な人材の定着や人材確保を容易にし、企業の競争力を高めることができます。

　また、経済環境が厳しくなる中で、何としても雇用を確保していきたいのであればフルタイム1人が担当していた職務（ポジション）を2人以上の組にして分担させるジョブ・シェアリングの導入も容易に図れ、生産性が低下することもありません。この理由は、職務分析によって「作業標準」という厳しい目標と改善マインドが個々の従業員に醸成されるからです。この過程を経ることなく個々人のモラルに頼り、多様な働き方を推進することは、職務責任を分散させ、生産性に影響が出ることは避けられません。

Q ： どのように浸透させるのですか？

A ： はじめはプロジェクトチームなど柔軟な組織形態を採りプロトタイプ（プロジェクトあるいは一部門）で検証しながら、組織全体に浸透させる方法（「プロセス改革の暖簾わけ」）もありますが、最終的にはトップダウンにより組織それ自体を変革することが必要です。

ISO 9001規格などマネジメントシステムの導入手順、管理手順がこれに当たります。ただ、ISO の導入目的を履き違えているために、プロセス改革ができない会社は多々あります。残念なことです。

Q ： プロセス・アプローチを活用した結果、これまでとは違った職務が必要とされたり、まさに横断的な職務体系になったりするケースはよく出てくるかと思います。しかし、現在の社員にその能力がない、負荷が大きいという問題に直面することも多いかと思いますが、どのように解決に導いていくことができますか？

A ： 多くの場合、必要となった職務をまったく行っていないということはありません。会社である限り、どこかの部門あるいは人が必ずその機能を少なからず果たしているのが通常です。

しかし、質問にあるように今まで重要視してこなかったことで急に対応できない現実があります。そのような横断的な職務を理解できる人材を他部門から異動させてくるか、中途で採用するか、可能性ある人材を育成していくという選択があります。

いずれにしても、必要となる職務はその会社のコアとなる機能の場合が多いため力量マップを活用し、既存社員をしっかりと育成することが重要です。

このため、役割等級人事制度の構築には制度を運用するための「職務権限規程」「能力開発規程」などが一気通貫で整備されることになります。

〈ISO9001 の規格と力量マップ〉

6.2 　人的資源

6.2.1 　一　　　般

　　　製品の品質に影響がある仕事に従事する要員は、関連する教育、訓練、技能および経験を判断の根拠として力量があること

6.2.2 　力量、認識および教育・訓練

　　　組織は次の事項を実施すること

　a）製品品質に影響する仕事に従事する要員に必要な力量を明確にする。

　b）必要な力量が持てるように教育・訓練し、または他の処置をとる。

　c）教育・訓練または他の処置の有効性を評価する。

　d）組織の要員が、自らの活動の持つ意味とその重要性を認識し、品質目標の達成に向けて自らどのように貢献できるかを確実に認識する。

　e）教育、訓練、技能および経験について該当する記録を維持する。

　　（4.2.4）

（JISQ9001：2000）

【力量マップ例】

アーク溶接
加工技術

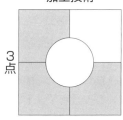

3点

5点：マスターしており、十分に指導することができる

4点：理解しており、一部教えることができる

3点：だいたい理解しており、一人でできる

2点：一部一人でできる

1点：ほとんど理解していない、指導を受けながらできる

力量マップで賃金を設計する方法（参考）

力 量	付加価値貢献度	井上肇 評価	井上肇 換算	佐藤一郎 評価	佐藤一郎 換算	鈴木二郎 評価	鈴木二郎 換算
1 MC操作	×3	4	⑫	1	3		
2 NC施盤操作	×2	4	⑧	4	⑧		
3 施盤操作	×2	3	⑥	5	⑩		
4 ベンダー操作		5	5				
5 シャー操作		5	5				
6 溶接A	×2			5	⑩		
7 溶接B				5	⑤		
8 展開作業	×3			5	⑮		
9 ボール盤操作		5	5				
10 レーザー加工機	×2	3	6				
合計点			29		58		
給与換算　1P=5,000			145,000		290,000		

＊　現在担当している職務内容に該当するもののみ、換算数値に○印を付け、集計する（能力はあっても職務になっていないものはポイント加算しない）。

『改訂版 役割等級人事制度導入・構築マニュアル』（P.311）

Q ： 「ビジネスプロセス改革は、経営戦略はもちろん企業風土などにも影響を与える」と前著にありますが、もう少し詳しく説明していただけますか？

A ： ビジネスプロセスを再構築し、成果を出していくためには、新たなビジネスプロセスの中で、自分の役割や能力を再構築し、各自が目的・目標を設定し、主体的、自律的に行動することが求められます。

　このために、全社員にこのビジネスプロセスと各自が果たす役割をきちんと理解してもらうと同時に、チームワークと連帯責任を尊重する組織文化（企業風土）にすることも必要になると考えています。

Q ： プロセスの目的は何ですか？

A ： プロセスには顧客満足の追求（顧客価値の創造）という目的があり、それを実現する段階で各プロセスを構成する職務活動が見えてきて、初めて具体的な形になります。これらプロセスを構成する職務活動は、適当なその場しのぎのものではなく、密接に関連付けられ、かつ組織された作業としてすべて共通の目標に向かって協力して行わなければならず、プロセス内の各ステップに携わる社員は目標を共有し、マルチタスク（多能工）であることが必要となります。

Q ： 組織文化とプロセスはどう関係しますか？

A ： 組織文化は戦略の方向性を選択する際、戦略を成功させるために重要な要素ですが、これらのものからは成果は生み出されません。組織文化、組織構造、人的能力などが有機的に結び付き経営構造は成り立っていますが、成果はビジネスプロセスによって生み出される訳ですから、ビジネスプロセスは組織のエンジン（心臓）のようなものといえます。

　このため私は、経営戦略については「プロセス型戦略論」を重視する立場をとっています。これは、プロセス戦略意図（ビジョンから生まれる「こうありたい」）を社員一人ひとりが戦略の担い手と

して共有化し、最善の判断ができることを目指しています。経営戦略の実現という観点から企業が策定した戦略を実行していく過程において、戦略の実施局面で得た情報を策定局面にフィードバックし、次第に戦略を効力のあるモノに具体化していくという（機会出現の頻度を上げる、その瞬間を逃がさないための状態を創る）「プロセス」に着目した戦略論なので、現場での主体的かつ迅速な意思決定を促す仕組みを必要とします。

　当然、ビジネスプロセスはリーダーシップに裏付けられた戦略によって操縦されることになりますが、より重要なのは戦略そのものがビジネスプロセスによってモニタリング・修正することができることです。これがビジネスプロセスを重視することでわかる素晴らしいところです。

鉄則　四十八

　ビジネスプロセスを再構築し、成果を出していくためには、新たなビジネスプロセスの中で、自分の役割や能力を再構築し、各自が目的・目標を設定し、主体的、自律的に行動することが求められる。

　このために、全社員にこのビジネスプロセスと各自が果たす役割をきちんと理解してもらうと同時に、チームワークと連帯責任を尊重する組織文化（企業風土）とすることも必要になる。

鉄則　四十九

　ビジネスプロセスはリーダーシップに裏付けられた戦略によって操縦されることになり、より重要なのは戦略そのものがビジネスプロセスによってモニタリング・修正されることである。これがビジネスプロセスを重視することの最大のメリットである。

13 トラブル対処法

Q : コンサルティング業務を進めるうえで、気にとめておかなければ
ならない人は誰ですか?

A : 経営者はもちろんですが、これまで会社に対して問題提起をし続
けてきた社員です。ある意味、経営者を不信に思い、腐っている人
物かもしれませんが、我々がコンサルティングに入るということは
会社にとって変わるチャンスであり、そのような社員は多くの場合、
水を得た魚のように蘇ります。

しかし、口ばかりで不平不満を言って何も行動しない人は該当し
ません。プロジェクトや会議での決定事項を背負わせ、責任感を試
すことでどちらの人かわかります。コンサルタントとして彼らの心
に応えること=チェンジ・エージェンシー(改革のための火種とな
る者)を作ることにつながります。

孫子の兵法

「卒を視ること、嬰児の如し。故にこれと与に深谿に赴むくべし。卒を視ること、愛子の如し。故にこれと与に死を倶にすべし。」

手厚くするだけで仕事をさせることもできず、可愛がるばかりで命令することもできず、でたらめをしていてもそれを止めることができないのであれば、ものの役にはたたないと書いてあります。コンサルタントも社員を労り、死ぬつもりで戦うことです。

Q : 宿題を出してもやってこない人への対処はどうしますか?

A : はじめにプロジェクトの狙いとプロジェクトでの検討および作業内容を明確にしたうえで、以下の約束ごとをメンバーに提示します。これを何度も守らなかった場合には、厳重に注意を与え、その日のコンサルティングは打ち切るなど強い態度で臨むことです。およそ予測ができることから経営者に事前に知らせておくことも肝心です。

〈宿題に対しての約束事〉

① 事業部(各部門)ごとに月〇回(〇時間程度)程度のミーティングを実施します。
  ※ ミーティングでは全員発言とします。
② ミーティングではお客様の立場(お客様満足、価値提案)あるいは競合他社との差別化について考え、積極的な意見交換をしてください。
③ ミーティング後は宿題を提示します。役割分担を明確にし、必ず

> 宿題を提出してください。宿題は次回のミーティングの資料となります。宿題ができていないと改革の遅れの原因となります。
> ※　宿題はできる限り事前ミーティングを行い、知恵を出し合い、誠実にこなしてください。

Q：　強い態度で臨んで大丈夫ですか？

A：　最近、どこの会社においても叱られたことのない社員が多くなっており、モラルも低下してきている状況です。延期をするということは、納期に間に合わなくなる可能性もあり、会社に損害を与えることになります。責任感を植え付けるためにも、約束を守ることの重要性を教えています。さらにコンサルタントとしてQCDを守らなければ大きな責任を負うことになります。真剣勝負の"場"づくりを仕掛けなければ何も変わらないと肝に銘じるべきです。

温故知新　孫子の兵法
「将の九変の利に通じる者は、用兵の法を知る」
状況に応じてプロジェクトの進め方を変えることも大事です。

　人事改革に抵抗はつきもので、できれば社員も責任を負いたくないものです。二宮尊徳も桜町の仕法では藩士達の妨害に合い挫折をし、成田山で21日の断食祈願をして以降、再び立ち向かったことがありました。そのときの思いを歌として表しています。

Q ：　進み具合が悪いときはどのようなことが考えられますか？

A ：　指導をしていてなぜか進まないときがあります。もちろん、コンサルタントの能力不足もあります。

　　ただ、コンサルタントが来たときにうなずきわかったようなふりをして、その後、何もしないという経営幹部、管理・監督者の存在も大きな要因といえます。基本的に人は日常、無意識に行動している場合が大部分（8〜9割）でありますので、すぐに行動を変えることができないのも当然なのですが、会社の未来のために経営目標に向かって経営課題を解決していこうとするならば、意識して行動をする訓練が必要です。

　　いくら理論と技法がしっかりしていたとしても、それを実行できるしかるべき人物がいなければ成果は出てきません。したがって、コンサルタントとしては、逆に無意識に革新行動ができるようになるまで現場で指導することが求められることになります。

　　「着眼大局・着手小局」つまり、広い視野で問題をとらえ、小さな事柄にも心を配り実践することです。

Q ：　コンサルティングに入っている途中で業績が悪化してきたときはどうしますか？

A ：　十分に起こり得る話です。

　　そもそもコンサルティングを導入しようとされている会社のほと

んどが、業績不透明感の中で依頼をしてくるわけですし、多くの場合は数年前に何らかの問題が生じている（顕在化していないものも含め）場合が多く見受けられます。会社再生のような荒療法的コンサルティングであればリストラや資産売却などで負債を削減し、一気に業績（利益）を上げることは可能ですが、そうでない場合はコンサルタントの力では仕方ありません。

　最近の成果主義人事制度の失敗事例は別として、業績が悪化している原因は最近起きたことではなく、過去10年に遡ればそこに根本原因があり、5年前にはほぼ顕在化しているともいわれています。これを見過ごしてしまったことにその会社の問題があると考えるほうが妥当です。

　人事コンサルティングは、そもそも人材という資源を長期的視野で育成し、業績向上を目指すところにありますから、動ぜず企画提案のスケジュールどおり事を運ぶことです。抵抗勢力はここぞとばかりにコンサルティングの責任にするとは思いますが、経営者との信頼関係でそこを乗り切ることはそう難しい話ではありません。

鉄則
五十

人事コンサルティングはそもそも人材という資源を長期的視野で育成し、業績向上を目指すところにあり、動ぜず企画提案のスケジュールどおり事を運ぶことが大切。

14 場作り

Q： 「場作り」はかなり難しそうです。どうすればよいでしょうか？

A： いつもの業務以外に、部門を横断し短期間に会社で起きている問題の解決を図るためのプロジェクトを設け、議論してもらうことです。経営者を疑ってきた社員はこのような機会を設けてもそれを信じようとせず、裏には何かあると考え、話さない、何もやらないなどという態度をとるかもしれません。しかし、それはある意味、氷を溶かすためには必要な時間となりますし、危機感を植え付けるために会社の現状を理解してもらう良い機会になります。

Q： どのような話をしたらよいでしょうか？

A： はじめはプロジェクトの目的とかけ離れていても、自分が活き活きと仕事ができた頃の話、会社の全盛期の話など触れやすいテーマから入り、その当時と比べて何がどう変化してきて、現状をどう認識しているのかなど気長に聞いていくことから始め、過去と現在との違いについて明確にすることです。

尊徳仕法の「芋コジ」

寄合い、つまり場を活用、指導をしたという例が載っています。桶の中に里芋と水を入れて二本の交差した棒で掻きまわすことにより、里芋を洗い、皮を剥ぐ作業のことです。これは一見棒で芋を洗っているように見えますが、本当は里芋同士がお互いに擦れあって汚れた泥を落とし、皮が剥けた綺麗な芋になることを表しています。

リーダー（棒）が皮を剥き、土を落とすのではなく、ただ動機付けをすることにより、村民（里芋）同士が相互に触れ合い、討議し、切磋琢磨することを薦めました。動機付けには、「廻村」と「表彰」が行われました。

「廻村」とは、朝早くから村の隅々まで歩き回り、村の問題点や人々の状況を把握し、指導することです。そしてその際に、勤勉な農民を農民達の投票によって「表彰」していたのです。その中で、相互協調的自己観による、心田開発（新田の開発、物事の改革には、まず、一人ひとりの心の育成を何よりも大切にすること）を実施したのです。

Q：　「場」は命令で作るものでしょうか？

A：　はじめはきっかけ作りも兼ねてトップダウンでビジョンと危機感を浸透させるため、プロジェクトチームやクロスファンクショナルチームを作り"場"を設けていきます。

クロスファンクショナルチームとは、既存の組織の枠にとらわれず、必要な人材が集まって随時編成されるプロジェクトチームやタスクフォースのようなもの。部門や職位にかかわらず、場合によっては他社からも人員を集めて構成され、従来のタテ割り組織にヨコ軸を通した形でプロジェクトチームを発足させ、組織全体の問題点を抽出したり、改善策を検討したりといったスタイルは、タテ割り

型組織の弊害で硬直してしまった組織を蘇らせるのに、非常に効果があるといわれています。

　リーダーのメッセージは、目で見る管理だけではそう簡単には社員の心には届きませんから、リーダーはプロジェクトチームやクロスファンクショナルチームを通してビジョンについて社員との対話を繰り返すことになります。"場"を変え、時を変え、繰り返し繰り返し、双方向にメッセージを伝え、対話を続けます。

Q ：　続けていくとどのようなことが起こりますか？

A ：　前述の対話を継続していく熱意と努力なしにビジョンは浸透するはずもありません。経営者によるビジョンが浸透してくると各部門の中でも部門長を筆頭に"わいがや集団"やプロジェクトチームが自発的にでき始めます。あるいはリーダー同士で会議をし始めます。そうなるまで経営者はやり続けるということです。

Q ：　社員に改善し続けるようになってもらうために工夫されていることはありますか？

A ：　私の場合、現場に立ち、改善（ムダの排除）する目的が"明日の自身の生活の安定や幸せのための糧になる"ことだと解いています。現場で自分達の仕事を五感で感じてもらい、「こんな職場にしたい」と明確に自分達で思う（自主性が芽生える）まで考え、行動できるよう改善活動を楽しめるように演出、支援しています。

　難しいのは、「（頭では）わかっている」けど「（実践）できない」という社員が多いことです。

　したがって、まず簡単な課題を与え少しずつ実践させ、成功体験を積んでもらうことにしています。これは、一回の実践が頭の中だけで考えていたことの何倍もの「学び（ある物事に深い感銘を受けて強く心を動かされるという学び、つまり感動）」があり、理解度が深まることで頭の中が整理され、次の実践に繋がるからです。

Q ：　経営者の方にはどうしますか？

A ：　経営者には、本当に「経営革新をしたいかどうか」という意思の確認をします。「誰かが言ったから」といって、何十年も経て作り上げた固定観念を、簡単に取り除けるはずがありません。「自分は正しい」という観念に根が生えて固定化しているのですからなおさらです。

　　　「心中の賊を破るは難し」です。本当に経営革新を図りたいのなら、一律一概ではなく、多くの人材の精神的連鎖によって創造が生まれることに経営者自身が気づくためにも「場」を要所で設け、体感してもらうしかないのです。それが経営者による方針発表、役割デザイン・マトリックスの検討、課題解決のための行動、そして目標発表会などの場だと考えています。場作りは、コンサルタントの大きな役割です。

第5章

鉄則　五十一

経営者によるビジョンが浸透してくると、各部門の中でも部門長を筆頭に"わいがや集団"やプロジェクトチームあるいはリーダー同士での会議が自発的にでき始める。そうなるまで経営者はやり続けること。

鉄則　五十二

経営者には本当に「経営革新をしたいかどうか」という意思の確認を行う。「誰かが言ったから」といって、何十年も経て作り上げた固定観念を、簡単に取り除けるはずはなく、「自分は正しい」という観念に根が生えて固定化している。

 場作りは、コンサルタントの大きな役割。

15 人事制度設計の
ポイント

Q ： これからの時代の人事制度を設計する際の一番のポイントは何で
すか？

A ： 一番のポイントは、人事制度と事業戦略との一体化です。ダイナ
ミックな事業戦略を効果的にサポートできる人事制度の条件は、事
業戦略とどれだけ「同期」がとれているかです。その「同期化」を
実現するうえで必要となる概念が、アカウンタビリティ（成果責任）
と高業績を生み出す役割行動能力の2つです。

　アカウンタビリティとは、結果を出す責任（組織内のポジション
に求められている「成果を上げることに対して持つ責任」）であり、
言い訳がきかないものです。レスポンシビリティ（行動責任）は、
行動することに対する責任ですから、「やってみたけどダメだった」
になってしまいます。

Q ： 組織の中で自分が何に対してアカウンタビリティがあるのか明確
でない気がしますが。

A ： たしかに多くの会社では、組織内のポジションの役割定義を曖昧
にしたまま、組織が運営されてきました。だからこそ、アカウンタ

ビリティを徹底することで、これまで曖昧だった各ポジションの役割を事業の戦略に合わせて明確にすることができます。

Q ： 事業戦略に合わせて役割を明確にすることでどのようなメリットがありますか？

A ： 大きくは以下の3つです。

① 自らに求められている役割上の成果を再認識できる
② 戦略に沿った業績目標を立てることができる
③ 組織の曖昧さが是正され、組織内の組織構造、それぞれの役割間の関連がはっきりする

それを等級制度や人事考課に反映すれば、事業戦略と「同期化」がとれた人事制度になるのです。

鉄則 五十四

アカウンタビリティ（成果責任）と高業績を生み出す役割行動能力で、人事制度と事業戦略との一体化を図る。

16 役割等級制度の設計

1 役割等級制度の基本設計

Q ： 人事制度にはさまざまな要素もありますが、すべてをつなげるという考え方は難しいように思えます。会社で説明してもどうしてもバラバラに考える傾向があります。上手な説明の仕方がありますか？

A ： 下表のように等級基準を運用する等級制度を中心に他の制度が連動して運用されることになります。

		人事考課制度				
賃金制度 退職金制度	昇　　給	人事考課結果（評語）	人事考課着眼点	昇級・降級基準	要員管理適正配置	能力開発制度
	賞　　与	職務評価	等級基準（役割等級制度）	人事考課フィードバック	能力開発計画	
	退職金ポイント	昇級・降級	成果指標&成果基準	目標設定面接	採用計画	
		目標管理制度				

等級基準に基づき社員は格付けされ、等級基準に基づき能力開発され、等級基準に基づき賃金が決定され、等級基準に基づき目標設定され、等級基準に基づき評価され、賃金が変動（昇給、降給）、等級が異動（昇級、降級）あるいは任用（昇任、降任または転任）されるなど、すべては等級制度、等級基準、（役割）基準書によって運用されることになります。

　そしてこの基準書は下図のように、ミッション・ビジョンを実現するための戦略およびそれを具現化していく各（職能）機能と、それを動かす社員が担う役割・職務および役割行動能力という形でつながっているのです。

　基準があるからこそシステムが確立され、また良し悪しがわかることで改善できるのであって、基準のない人事システムは具体的に良し悪しもわからず、維持すらできないものであるということになります。

◤ 図表5−14　トータル人事制度イメージ

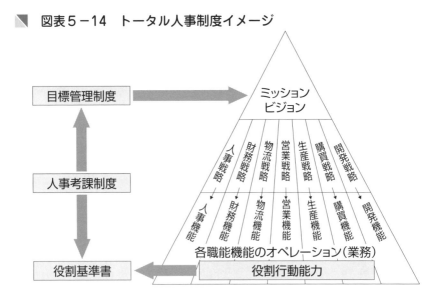

Q ：　役割という言葉はよく聞く単語ですが、会社における役割とはどのようなことですか？　役割等級制度はどの会社にも適しているのでしょうか？

A ：　会社における役割とは、会社が目指す方向性、現時点で割り当てられた機能のことをいいます。つまり、誰もが役割・職務を通して会社の機能を果たしていることになるのです。役割等級人事制度はどの会社にも適応できます。ただ、メーカーで現場作業者が多く技能を重視する会社は、職務を中心にした運用となる場合があります。

Q ：　役割・職務等級制度を設計するための手順を教えてください。

A ：　役割・職務等級制度の場合は、役割・職務を評価し序列付けする必要があるため、あらかじめ役割・職務を編成しなければなりません。このため、現状での職務内容、経営目標から落とし込まれるあるべき職務内容（経営課題解決行動）を統廃合し、タテ割りの職種を中心に仕事の困難度・責任度によりヨコ割り区分し、役割・職務を編成します。

　次に、職務分析を行い、役割・職務情報を収集できたら役割・職務基準書を作成することになります。役割・職務分析とは、役割・職務の情報を収集し、これを記録する作業のことをいいます。

　その後、役割・職務評価を実施し、それぞれの役割・職務等級に格付けすることになるわけです。

　なお、役割（職務）評価とは、企業にある個々の職務の重要度・困難度などについて相対的な価値序列を決める一連の組織的な技法のことをいい、代表的なものとして点数法、序列法、分類法、要素比較法があります。私の場合、等級基準書に基づき評価をする分類法を活用しています。なお、海外では一般的に点数法を活用しています。

第5章

評価方法		内　　容
非量的評価方法	序列法	重要度、困難度、責任度等に応じて価値の低いものから価値の高いものへと順序付ける方法をいいます。
	分類法	各職務をあらかじめ作成した難易度分析表にあてはめて序列化する方法をいいます。
量的評価方法	点数法	職務の評価要素（知識・習熟・負荷・責任等）ごとに点数を付け、その総合点によって序列化する方法をいいます。
	要素比較法	妥当な賃金水準にある基準職務を分析して各評価要素の賃率を定め、非基準職務に含まれている評価要素の賃率を合計することによって非基準職務の賃率を決定する方法をいいます。なお、賃率とは賃金率のことをいい、通常は１時間当たりの賃金額をいいます。

Q：　同一労働同一賃金（職務給）の実現に職務評価が必要であることは既に聞きましたが（第５章第11節参照）、職務評価についてもう少し説明していただけますか？

A：　例えば、あなたの前に、りんごが３つあるとします。赤くて丸くてしかも甘いりんご、赤みと甘みも少し足らないりんご、青くて酸味が強いりんごの３つです。そして値段は、順に300円、200円、100円となっています。もし中国であれば、3000円、2000円、1000円かもしれません。このように物の価値、つまり値段は市場が決めているのです。消費者が、色、つや、甘さなどを判断要素とし、測定尺（基準）で価値を評価したうえで、値段が決まっています。

　同じりんごでも、大阪では300円だけど、青森に行ったら100円かもしれません。産地のために量（供給）があふれているからです。仕事も同様に、労働市場における仕事の価値や値段は、誰もが判断できる評価要素、測定尺と需給関係で本来は決まるものです。

　したがって、ある仕事の価値は、知識や習熟度はどれだけ必要か、そして判断力は、肉体的負荷はどの程度なのか、どこまでの業績責

任が背負わされるのか等、仕事を遂行するうえで誰もが気になる要素で測られることになります。それは、りんごの色、つや、甘さなどの評価と測定尺度が、仕事のそれに変わるだけの話です。これが職務評価であり、誰もが持っているものです。

　値段（賃金）は、先ほどのりんごの値段が日本と中国で違うとか、色や甘さで違うのと同様です。日本国内でも地域によって異なるのは当たり前で、それが価値そして値段（賃金）というものです。

Q ：　職務評価の中で、海外では点数法が一般的というお話でした。おそらく職務の価値を点数に置き換えることだろうとは想像つきますが、具体的に教えてください。

A ：　点数法のやり方を、先ほどのりんごの例で説明します。例えば、りんごの評価要素を、色、つや、形、甘さ（糖度）、産出量（希少性）とし、これらを10段階で測定するとします。

　色、つや、形は、10点満点中かなりの高水準で8点、甘さは、糖度計で測定すると平均15％あったので6点とします。例えば、糖度17％以上であれば7点、20％以上であれば8点というふうに基準を設定しておきます。そして、希少性は、需要量に対する供給量の少なさがこのりんごについて非常に高いことから9点としました。これらの要素を全部足したら点数が出ます。このりんごであれば、39点となります。

　しかし例えば、市場が甘さ（糖度）に価値をおいているのであれば、この甘さを10点満点ではなく、ウエイトを2倍に上げて12点とすれば、合計点は45点になります。市場における評価要素を考慮し、各要素にウエイトをつけていくわけです。最終的に算出されたりんごの評価点と市場価格に相関関係が認められれば、1点あたりの値段によって、りんごの市場価格が決まることになります。

このりんごを職務に置き換えても、同じようなことがいえます。評価点によって値段が決まる、つまり賃金が決まるということになります。

Q ： 経営者は「やる気を持たせたい」、「やった人にはやっただけ払いたい」とよく言われますが、どんな制度を作ったらよいですか？

A ： 「やる気を待たせたい」、「やった人にはやっただけ払いたい」というのはビジネス上、当たり前の話であるにもかかわらず、このような言葉が妙に新鮮に感じるのはなぜでしょうか？　成果主義という言葉も同様です。右肩上がりの時代に一律に、年功序列で上がってきたポスト、賃金がいかに不自然なことかがよくわかります。基準に基づき仕事の成果により処遇に格差が出るようにすることは制度上、まったく難しいことではありません。役割・職務の異動（職能等級制度でいうなら昇降格)や昇降給など設計上は簡単な話です。

Q ： それを人事制度で実現するのが難しいのではないでしょうか？

A ： 人事制度だけで実現できるというのは幻想です。ただ、今後の方向性を示すことは十分にできます。経営者をはじめ年功的な制度にどっぷりと漬かってしまっていた社員の意識を市場・顧客に向けてもらい、「そこに適応できなければ生き残れないのだ」という意識に変革してもらうことのほうが難しいのではないでしょうか。

2　運用を想定

Q ： 会社にとって手がかかると続きませんので、運用が簡単な制度を作りたいのですがどうしたらよいでしょうか？

A ： 運用できなければまったく意味がありません。そうならないためには、基準書については手を抜かないことが基本です。

　ただ、賃金表が職務別、職種別あるいは職掌別になり、人事考課表もそれに対応して多くなるなどについては、総務人事部門など管理部門が弱い会社においては、再検討を行い統合して運用することも可能です。しかし、これ以前の問題として、運用ができない理由をつぶしておくことが必要です。人は手をかけて育てるものである

ことも忘れないでください。

　人事システムは等級制度、賃金（給与・賞与・退職金）制度、考課制度、能力開発制度、福利厚生制度など多くの制度の有機的な結合によって成り立っています。しかし、これら多くの制度を運用することは至難の業といわざるを得ません。「運用の簡単な人事システム」というご質問ですが、これについては社員のやる気の源泉から考えることが早道だと思います。

　社員の本当のやる気は、内発的に動機付けられることで起こるわけで、特に、日本人の場合は有能感と関係性支援（他者から与えられているという認知）が必要であり、社会的な役割をいかに「努力」して果たしていくべきかということを重視することだと考えています。

■　図表5－16　内発的動機付けを促進するための働きかけ

1. 承認（外発的動機付け）を与える…自己評価を高められる
   ※　前提として、当事者が成功できるような課題を提示してやること。いくらほめようとしても、現実に当人が成功経験をしていないようでは意味がない。
2. 親密な人間関係（関係性）
3. 価値付け
   ① 直接的、一方的に教える、
   ② 間接的に教える、
   ③ 価値付ける人（道理の通った、確固たる信念）と価値付けられる人が話合いをする
4. 自律性支援
   ① 人がその活動の個人的重要性を理解するような意味ある理由付けがある。
   ② その人が理解されていると感じるような個人的感情の承認。
   ③ 統制よりも選択を強調する対人スタイル。

Q：　お金は動機付けとしてどのように考えられますか？

A：　研究者によって見解は異なりますが、金銭的報酬は内発的動機付けが低下するともいわれています。経営トップへの信頼感があることが前提ですが、人事システム的には（役割）等級制度と目標管理

制度の導入によるタテ・ヨコ・ナナメの「関係」において積極的に役割を認識させる「場」、その役割を達成するための学習の「場」および関係性における評価の「場」を設けることが最低限のポイントと考えます。実際に、私はそのように指導しています。

　内発的動機付けが高い場合に、外的報酬により外発的動機付けがなされると、人間本来の有能感や自己決定感が低下するため内発的動機付けが低下するとされているのが通例です。ただし、外発的動機付けが内発的動機付けと結びついていることを証明することは難しいですが、外発的動機付けによって内発的動機付け（成果に応じて報酬を与えられると自己評価が高まることで自ら取り組む気持ちが生まれる）が促進されることも事実のようです。

鉄則 五十五

社員の本当のやる気は、内発的に動機付けられることで起こるわけで、特に、日本人の場合は有能感と関係性支援（他者から与えられているという認知）が必要であり、社会的な役割をいかに「努力」して果たしていくべきかということを重視することだと考える。

鉄則 五十六

人事システム的には（役割）等級制度と目標管理制度の導入によるタテ・ヨコ・ナナメの「関係」において積極的に役割を認識させる「場」、その役割を達成するための学習の「場」および関係性における評価の「場」を設けることが最低限のポイントと考える。

3　コンピテンシー（役割行動能力）の活用

Q ：　「現在のような変化の激しい時代にあっては、職務の性質は流動的であるゆえ、組織内の役割の変化に対応すべく新しいスキルが絶えず要求されている。このためコンピテンシー（役割行動能力）を活用し、役割等級制度を構築する」と前著にあります。選定したコンピテンシーディクショナリーに添って職務分析を行いつなげていきますが、職務の性質が流動した場合も、コンピテンシー（役割行動能力）に基づく分析をしておけば、ある程度はカバーできるのでしょうか？

A ：　経営戦略やプロセスから導き出される役割定義、これに連動した職務およびその行動特性（役割行動能力）は、中期的に通用するモデルになっているはずですが、経営環境の変化によって職務内容（職務活動）は変化していくため、コンピテンシーモデルをそれに適応させていく必要があります。大きく環境が変化し求められる役割が変わる場合には、職務自体の括りも変わり、コンピテンシーモデルそのものも適合させる（見直す）ことになります。多くの場合はコンピテンシーの行動項目例やレベル別定義などを改良することで対応できます。

Q ：　変化に対応し改定していくことが実行できてないのではないでしょうか？

A ：　実際に、会社や本人が気づいていないだけで、職務は変わらなくても、いつの間にか市場変化に対応して求められる能力・行動の変化が当然のように起こっています。これでは評価も教育訓練もできませんが、このようなことが多くの会社で生じ、人事制度への不信へつながっているのです。

第5章

4　専門職制度の導入

Q：　中小企業の専門職はどのような処遇となっていますか？

A：　専門職制度を採り入れた複線型人事制度は、もともと、シリコンバレーのIT系企業で採用されたものが始まりといわれています。専門職と管理職との間を交差させキャリア形成のルートを構築する制度が2つの梯子という意味で、デュアルラダー制度（あるいはダブルラダー制度）と呼ばれてきました。この制度を運用する中で専門職と管理職との役割交代をスムーズにするために、中小企業に限らず大企業でも、処遇をあまり下げない専門職制度を導入している場合が多くあります。

　　会社によって異なりますので、どのような会社を目指すのか、そのためにどのようなスキルの人材が必要なのかを明確にすることが必要です。

Q：　専門職はほかのラインの人から見ると特別扱いに見えませんか？

A：　実際に、新人事制度が運用しやすいよう緩やかな定義でもって専門職制度を導入した会社であっても、管理職や監督職が成長し自身のキャリアアップを目指すようになると、優遇されている専門職に疑問を持つようになってきますので、このときにはしっかりと専門職の定義について議論をし、プロフェッショナルなのかエキスパートなのか……など再定義することが望まれます。

　　大企業には「技監」職というものがあり、これは高度専門職のことをいい、役員に相当する、あるいは、それ以上の処遇を受けている場合もあります。

Q：　中小企業の場合、年齢や勤続で管理もしていないのにもかかわらず実際は管理職になっていることが多いのではないですか？

A：　中小企業では規模にもよると思いますが、大企業ほど人材は豊富

ではないため、そのまま管理職として処遇している場合も多くあります。

　現在、パフォーマンスが高くないにもかかわらず経営者が実績（過去の貢献）を重んじることが組織にとって是と思うならばそのまま管理職とすればいいし、管理職には若手を登用し、それ以上に会社に貢献すれば、経営者にはなれないが名誉職としての専門職も用意しておくということも考えられます。処遇は、地位（ポジション）を与えたり、賃金で応えたり会社によって異なりますので、これも方程式はありません。

第5章

⒘ 賃 金

~~~~~~

1 賃金制度を変更する際の心得

~~~~~~

Q ： 賃金の本質はどのようにお考えですか？

A ： 賃金は感謝の気持ちで支払い、感謝の気持ちで受け取ることが互いにできることが理想です。そのためには経営数字を含めオープンな仕組みを作ることです。いくら儲かっているのか、自分の評価はどうなのかなど、秘密主義では痛みも喜びも分かち合えず、厳しい環境にある社員は理解することすらできません。

Q ： 労働時間が増えたりしていることでは厳しさを感じているかもしれませんね？

A ： 今の時代、販売量・生産量は維持、向上しても単価は低下しているケースが多く、社員の労働密度は高まっていることもしばしばあります。

付加価値の出せる仕事をしてもらうには、経営の透明性を高め、社員に経営状況を理解してもらうことにより信頼関係を構築させる

ことが必須です。業績が悪くなってから経営状況を公開する会社もありますが、これはまったくの逆効果で、社員からの不信感を招くだけです。日ごろからの情報開示の積み重ねが重要となります。

Q : 賃金の役割というのはどういうものでしょうか？

A : 　賃金が社員の満足度を高め、社員にとっての企業価値を向上させていくための重要な役割を担っており、結果的にそれが持続的で質の高い企業成長につながります。したがって社員の意欲を引き出し、投資効率を最大化するための環境作りを行うことが大切だということです。

Q : 社員の身分の違い（例：正社員とパート社員、契約社員）があって、あっちを立てればこっちが立たず……といったことを耳にします。賃金表なども含め、どうしたらうまくいくでしょうか？

A : 　「正社員は偉い。所詮、パートはパート」という前提に立っていると、現在のパート社員、契約社員の働き具合では矛盾が起きます。

　つまり、正社員がパート社員や契約社員以下の仕事をしているということが大いにあり得る事態になっているということです。リストラのため、元来補助的・定型的な業務に限られていたパート社員が正社員の代替要員として活用されるようになってきたことも背景にあります。

　実際に、正社員並みの仕事をやっていて処遇がそれに伴わないと不満を持つパート社員も多いと聞きます。仕事に対して賃金を支給するということなら、時給換算した場合に正社員以上になる責任ある仕事をしているパート社員がいてもおかしくはないのです。要は、会社が何を基準に人材マネジメントをするかということです。

　厚生労働省のパートタイム労働法に基づく指針にもあるように、業務が正社員と同じパート社員については正社員の賃金表の適用、支給基準、査定・考課基準、支払形態などを正社員に合わせる、パート社員から正社員へ転換できる条件を整備するなど、パート社員の

意欲、能力、経験、成果などに応じた処遇をすることです。

Q： 賞与、報奨金、昇給、昇格、昇進、異動などによって社員が「期待されている」「投資されている」と感じ、頑張ろうと思わせる仕組みがある会社は多いのでしょうか？

A： 昨今の実力主義という意味からは、賞与、報奨金に限らず昇給、昇格、昇進も今の実力の程度を知らせるものであり、未来に対する期待や投資というものには値するものではありません。

昇給、昇格を動機付けのための投資と考える意見もありますが、私は経営者が投資と考え昇給することと、それを受け社員が昇給されればモチベーションが上がることを連動させて捉えません。

むしろ、期待や投資という観点は、目標管理制度における考課者（上司）の役割にあると考えています。

期待され上位の等級に相当する仕事を与え、実力を伸ばす機会を作る、タイミングよくアドバイスしたり、評価をフィードバックすることで、本人（部下）はこれに応えるかどうかということです。

◤ **図表5－17 フィードバックの回数と成績との関係**

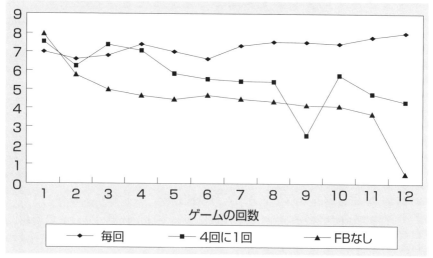

『変革の時代のリーダーシップ』(P.126)

Q：　効果的なフィードバックの仕方を教えてください。

A：　この目標設定と達成度（結果）を認知させ、賞与、昇給に反映させることでインセンティブにはなる、あるいは該当資格以上の仕事に挑戦し、成功した結果で入学方式的に昇格するという運用も、期待され投資した結果です。制度によって「期待されている」「投資されている」と感じ、「頑張ろう」と思わせるのではありません。仕組みがあってもそこに介在する人間が機能していないというのが多いのではないでしょうか。

Q：　図表5−17が表していることはどのようなことでしょうか？

A：　フィードバックは多めに、早めに行うことで、部下とのコミュニケーション促進のための潤滑油となり高成績で安定させます。目標に少しでも近づこうとする努力を本人が維持している限りは、フィードバック後も以前の作業レベルを維持させることは可能です。

　　　しかし、本人が目標を諦めてしまったときには、達成への関心度も低下し、フィードバック後のモチベーションは急速に衰えます。

Q：　経営者のビジョンは明確なのですが、浸透までには至っていないという会社があります。賃金に格差をつけて取り組ませ、浸透させようとする場合どのようなことに気をつけたらよいですか？

A：　ミッション・ビジョンを持っていて浸透させられないことと、格差をつければビジョンが浸透すると考えていることには大きな矛盾があると考えます。まずはビジョンを行動に落とし込むことです。このために経営者が率先垂範することがなければ組織として成長することは難しいと考えます。

Q：　賃金に格差をつけるのは問題ないですか？

A：　ビジョンに従い行動を起こした社員、およびその行動において会社の期待する結果を出した社員とそうでない社員との違いを示すの

に賃金の格差をつけることは当然であり、賃金だけでなく昇進など
で報いることもできます。

　しかし、賃金はカンフル剤（ステロイド剤）と同じようなもので
もともと備わっていた自浄作用が一時的に低下した際に投与すれば
効果はありますが、これを使い続ければ副作用が出て大問題になっ
たり、自浄作用を妨げることになりかねません。行き過ぎた格差を
つけて取り組ませるという発想は前近代的、成熟化していない社会
の女工哀史のようなものです。

Q：　手当を基本給の中に組み込んでしまうことに問題はないでしょう
か？

A：　手当を統合し基本給に組み込むと標準月額が上がってしまうとい
うことはたしかにありますが、基本的にはホワイトカラーが主であ
り、あらかじめ残業相当分の金額が含まれているということを賃金
規程で明らかにしておけば問題ありません。ただ、無理に手当を統
廃合する必要もありません。手当によって会社の意思表示ができる
というメリットもあります。成果主義の中で、職務給体系であって
も生活保障手当である家族手当など支給していることもあります。

Q：　年俸制は実際に会社でどのような取り入れ方をされていますか？

A：　年俸制とは、会社業績に連動させた人件費管理の下、個人の成果
（実力）にリンクさせて給与水準を決定することです。

　従来は管理者やプロフェッショナル人材、あるいは営業職などの
特定社員に対する絶対額管理の方法として導入されてきましたが、
最近では、一般職を含む社員にも導入するケースが出てきているよ
うです。また、激しく変化する経営環境に対応するため、半期の年
俸制を導入して総人件費の固定化をもっと推し進める会社も出てき
ています。

Q：　年俸制はどのような職層に適していますか？

A：　業種にもよりますが、総人件費管理の徹底を考えると、本来、自己裁量権の乏しい職務（階層）に対して年俸制を導入することは避けるべきです。

　　年俸制の導入には、給与水準はもちろん、職務内容やその評価について十分に社員に納得を得られる仕組みが必要です。とはいえ、役割を明確にする目的で、年俸制を導入する会社が今後増加していくことは間違いないでしょう。

《年俸制導入時の注意点》
年俸制であっても労働基準法は適用されます

1．年俸を年1回で支払うことは認められず、最低でも12分割して1ヵ月に1回は支払いをしなければならない。
2．年俸制にした場合も対象者が管理監督者などに該当せず労働時間の適用を除外されていない限りは、年俸で決めた額を基礎に計算した時間外割増賃金を支払わなければならない。
3．就業規則に年俸制に関する事項を記載する必要がある。

Q：　賃金制度を変えるときは不利益変更に注意をしなければいけませんか？

A：　せっかく制度を改定したのに、労使の争いになったり、社員のやる気がなくなっては意味がありません。

　　同じ労働条件の不利益変更でも、賃金は労働者にとって特に大切なものですから「高度の必要性」が求められます。東京大学の菅野教授は、「賃金・退職金など基本的労働条件の変更については『高度の経営上の必要性』が要求されるとしているが、総原資を増加させて多くの者には有利となる制度改正であり、かつ当面不利になる人々のための経過措置などが計られていれば、これを許容すべきであろう」（菅野和夫「雇用社会の法」補訂版281頁　有斐閣）とされ

ています。

裁判例では以下のものがあります。

「年功的賃金体系から能力、成果に応じた賃金体系への給与規程の変更は、一部労働者にとって不利益な部分もあるが、新賃金体系は能力・成果の公平な反映となり、大部分の社員の賃金額が上昇し、会社の業績向上のためのインセンティブになり、給与体系改正の手続きは踏まれているので、給与規程の改正は、高度な必要性に基づいた合理性がある」（大阪地裁平成12.2.28、大阪高裁平成13.8.30）。

不利益にならないための経過措置として新制度移行後２～３年間支給していく調整給がありますが、労使でしっかり話合いをして決定し、運用していきましょう。給与辞令においても明確にしておくことです。

鉄則　五十七

お金をもらう側がどういう気持ちでもらうのかとか、給料を払う側がどういう気持ちで支払っているのだろうということを考える。また、それに至るまでのコミュニケーションや心の通いはどうであるか、そういうものに力点を置かないとやはり人事制度をいくら作ったところで機能しない。

鉄則　五十八

社員の意欲を引き出し、投資効率を最大化するための環境作りを行うことが大切。

<table>
<tr><td>鉄則　五十九</td><td>賃金制度を変えるときは、不利益にならないための経過措置として新制度移行後2～3年間支給していく調整給も考えられる。労使でしっかり話合いをして決定し、給与辞令においても明確にしたうえで運用を行う。</td></tr>
</table>

2　役割給の設計

Q：　役割給は、期待される行動能力を要件に仕事の価値序列することは職務給と同じですが、戦略に基づくため、役割（職務）行動能力自体も変動することを強く意識するということでしょうか？

A：　職務給における職務評価は、現状の仕事をどう評価するかです。

例えば、仕事を評価するという意味では知識・経験、マネジメント・ノウハウ、対人関係の技能などを中心に評価することになっており、役割の評価についても仕事を評価するという意味では同じですが、役割等級人事制度でいう「役割」には（賃金を決める前提として）、経営戦略的に期待される職務活動（課業）および役割行動能力の発揮度も重視するところにあります。このため、「場」を設け「プロセス・アプローチ」という手法を活用し将来に向かって社員をゆるがせ（共振させ）て、役割行動能力を進化させていくことになります。

Q：　役割・職務等級制度は単純な生産業務従事者などにも適用可能ですか？　例えば、毎日研磨だけをやっているとか、ＤＭの発送作業だけをやっている等の単純作業者です。

職務給も含めて事例等を見ていると、知識と経験が求められることには適しているような気がしますが、極めて単純作業色の強い業務はどうなのか、と腑に落ちないところがあります。

A ： 職務給は基本的に固定的な業務（極めて繰返し性の強い単純作業）にむしろ適しています。このことは、職務分析が現在の仕事について分析することが前提であることからも明らかです。

　もともと、明治時代に陸軍は職務給が導入されており、昭和の初期にも商工省臨時産業合理局が「職務給制度を確立する必要がある」と提唱しています。

　本来、職務給というのは、「私はこの仕事しかしません」というものですが、日本人というのは、「今日は同僚が休みだから俺が代わってやる」「風邪をひいて仕事が遅れるようなら俺が君の分を助けるから」ということをやりますので、これが日本に職務給が適していないという原因にもなっています。

　また、質問にある「知識と経験が求められることに適している」のは職務給だけでなく、年齢給以外では年功給であれ、能力給であれ賃金決定のためには求められるものです。

Q ： 先生の提唱される役割給とはどういうものですか？

A ： 私の役割給は、現在の、および戦略に基づき求められる仕事を知識や経験、そして期待される役割行動能力を要件に価値序列することによって賃金を決定し、その後は行動能力の発揮度や結果によって変動する賃金のことをいいます。

Q ： 賃金には洗い替え方式と昇給表方式があると習いました。それぞれのメリット、デメリットを教えてください。

A ： 賃金には大きく洗い替え方式と昇給表方式の2つの方式があり、後はこの変形です。それぞれのメリット、デメリットは図表5-18のとおりです。いずれにしても賃金は労働（力）の対価であることから、仕事内容とその成果の反映による賃金格差のつけ方が非常に重要です。このため、賃金表の賃金の幅（開差型、接続型、重複型）の作り方にも、配慮が必要となります。

＜洗い替え方式の賃金表例＞

役　割	評　価	S	A	B	C	D
	Ⅰ	87,000	79,000	73,000	67,000	59,000
S 4級	Ⅱ	79,000	71,000	65,000	59,000	51,000
	Ⅲ	71,000	63,000	57,000	51,000	43,000

＜昇給表方式の賃金表例＞

	営業一般職			
号	4　級	3　級	2　級	1　級
ピッチ	1,100	1,300	1,500	1,700
1	21,100	48,000	74,000	108,200
2	22,200	49,300	75,500	109,900
3	23,300	50,600	77,000	111,600

図表5-18　洗い替え方式・昇給表方式のメリット・デメリット

洗い替え方式	メリット	① 役割別の賃金（原則、同一役割同一賃金）が明確である。 ② 毎年の評価で過去がリセットされ、モチベーションを高揚できる。つまり、考課結果（成果）によるメリハリが生まれる。 ③ 人件費原資の自動膨張を防げる。
	デメリット	① 考課結果（成果）により当然に降給があり、次へのチャンスが見出せなければモラールダウンにつながる。 ② 基本給水準の低い企業あるいは階層について、刺激が効く格差を設けることができず、適用しにくい場合がある。 ③ 等級間の賃金格差を大きくすると、公平さに欠けてくる。運用上、硬直的になってしまう。
昇給表方式	メリット	① 毎年の考課結果により昇給が行われることから安心感が生まれ、ロイヤリティ（忠誠心）につながる。 ② 頑張り方次第では、将来の賃金を予測することができる。 ③ 賃金秩序を崩すことなく柔軟に運用できる。
	デメリット	① 考課結果に関係なく昇給が行われることから、賃金の本質を見失うことになる。 ② 運用ルール（等級制度、人事考課制度、目標管理制度）に従わなければ年功的な運用に陥りがちになってしまう。 ③ 人件費が自動膨張になる。

第5章

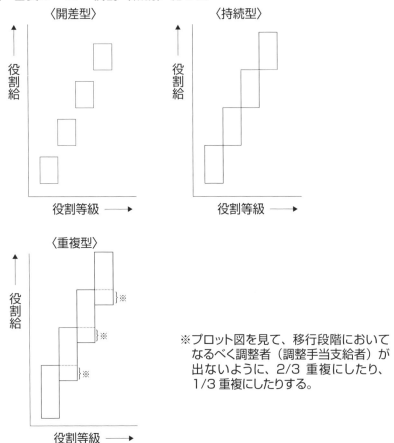

■ 図表5−19　役割（職務）給の型

〈開差型〉

役割給 ↑

役割等級 →

〈持続型〉

役割給 ↑

役割等級 →

〈重複型〉

役割給 ↑

役割等級 →

※プロット図を見て、移行段階において
　なるべく調整者（調整手当支給者）が
　出ないように、2/3 重複にしたり、
　1/3 重複にしたりする。

Q ：　役割・職務等級制度を導入した場合、定期昇給はほとんどありま
せんか？

A ：　基本的に役割給は職務給の変形であり、同一役割（職務）同一賃
金を原則としていますが、一般職務の場合は定期昇給型を導入して
いるところが多いです。これは、役割等級制度が職務の価値だけで
なく、その結果や求められる役割行動能力の発揮度および発揮レベ
ルを賃金に反映させることになっているからです。

　定期昇給ということでは、役割給一本の場合を除き、やはり生活保障という面から賃金形態は基礎給（年齢給あるいはキャリア給）というものとの併存型にしていることから、大体35〜40歳までは定期昇給型賃金要素を導入している会社がほとんどです。

　「生活できなければ賃金をもらっても意味がない」という考え方ではなく、「生活ができないような賃金しか支払えない会社にならない」ように労使で打つべき手立ては山ほどあります。

　定期昇給がなくても社員が納得すればよいわけですから、手当あるいは福利厚生などで十分に変化を持たせることも可能です。

　多くの方に「定期昇給＝生活の安定」という考えが染み付いており、賃金形態や賃金の見せ方をガチガチに捉えすぎているような気がします。

温故知新　西郷南洲翁遺訓

　「広く各国の制度を採り開明に進まんとならば、先づ我国の本体を居ゑ風教を張り然して後徐かに彼の長所を斟酌するものぞ。否らずして猥りに彼れに倣ひなば、国体は衰頽し、風教は萎靡して匡救す可らず、後に彼の制を受くるに至らんとす」（広く諸外国の制度を取り入れ、文明開化を目指して進もうと思うならば、まずわが国の本体をよくわきまえ、風俗教化の作興につとめ、そして後、次第に外国の長所をとり入れるべきである。そうでなくて、ただみだりに外国に追随し、これに見習うならば、国体は衰え、風俗教化はすたれて救い難い有様になるであろう。そしてついには外国に制せられ国を危うくすることになるであろう）とあるように、基本は日本、その組織の風土に合ったものでなければ特徴や活力が衰えてしまいます。

　他社とは異なる戦略を立てなければ競争に負けてしまう今の時代なら、なおさらです。

Q ： 日本の風土に合った人事制度とはどのようなものですか？

A ： アメリカ的考え方は何らかのパターンに当てはめようとします。そういう発想ではなく、「人事（人間関係）には物理のような法則性はないのだから、とにかく場を作り、心が通う、そういう組織にするために、人事制度をどう活用するのかという視点で構築していきましょう」というのが私の提唱する役割等級人事システムの特徴です。

図表5－20　能力と評価の関係図

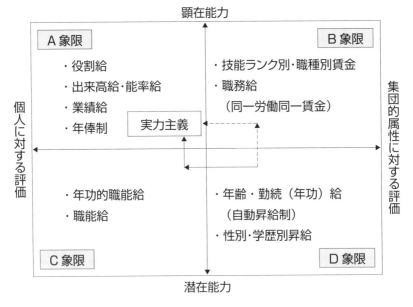

『改訂版 役割等級人事制度導入・構築マニュアル』（P.252）

＜役割給の設計手順Ⅰ＞

設計の前提条件（準備）

1. 役割等級基準が設定され、それに基づき仮格付けが完了している。
2. 昇給モデル年齢が設定されている（標準者（できる人材）の在級年数を設定する）。
3. 初任給が確定している。

役割給の設計準備

STEP 1　プロット図を作成し、賃金分析を行う。

STEP 2　賃金体系と賃金水準を決定する。

STEP 3　基本給項目の設定および基本給原資の配分を決定する。

STEP 4　基礎給を設計する。

＜役割給の設計手順Ⅱ＞

【方法　1】

STEP 1　個人別に [新基本給] − [基礎給] ＝残差額を算出する

STEP 2　算出した残差額を職務群（役割）別にプロット（ヨコ軸：役割等級、タテ軸：役割給）する。
　　　各役割等級別に残差額平均額をその等級の中心値に設定し、タテ・ヨコに展開する。

【方法　2】

STEP 1　個人別に [新基本給] − [基礎給] を算出する。

STEP 2　コース別、新等級に STEP 1 で算出した残金をプロットすると同時に、方法1と同じ表を作成する。

STEP 3　[最上位等級平均役割給（あるいは60歳役割給モデル金額）] − [初任給内役割給] ＝役割給原資総額（Ａ）を算出する。

STEP 4	（A）を等級格差部分原資（B）と役割給範囲形成部分原資（C）に分ける。
STEP 5	（C）をモデル年数合計で割り、平均ピッチ（D）を算出する。
STEP 6	（B）と（D）をにらみながら、各等級の下限額（基準額）を設定する。

鉄則　六十

役割給とは現在の、および戦略に基づき求められる仕事を知識や経験、そして期待される役割行動能力を要件に仕事の価値序列することによって賃金を決定し、その後は行動能力の発揮度や結果によって変動していく運用をする賃金である。

鉄則　六十一

賃金は日本、その組織の風土に合ったものでなければ特徴や活力が衰えてしまう。他社とは異なる戦略を立てなければ競争に負けてしまう今の時代なら、なおさらである。

3　移　行

Q：　「総額人件費管理」という言葉をよく聞くのですが、適正な人件費というのはどのように算出すればよいのでしょうか？

A：　まず適正とは何かですね。

　業界平均という捉え方もありますが、本来は会社によって異なるはずです。適正人件費＝世間並み賃金という考えでは、原資のない会社では経営できなくなります。しかし、人を雇うからには賃金は当然に支払わなければいけないものです。生活が成り立たないようでは話になりません。

Q：　人件費の枠といっても、年齢に応じてある程度の定期昇給をしていかないと生活も成り立たないし、将来の楽しみにもならないと思います。定期昇給で膨らむ部分以上に利益を増やしていこうと社員が努力していければ一番よいのでしょうが。

　定期昇給と人件費枠についてどのようにお考えですか？

A：　賃金というのは「今苦しいけど、あと5年経てば大丈夫だから」という経営者の言葉を、社員が信用すればそれで済むのです。「苦しいけど当面はこれでやっていく」、これで賃金は決定なのです。

　つまり、適正人件費という概念は会社独自の人件費枠の捉え方であることと、その枠内でどういう人間にどれだけ払うのかを独自に決めることなのです。

　しかし、経営が成り立たなければ人件費どころの話ではありません。低賃金高コストの経営か高賃金低コストの経営か、人件費をコストの中でどう捉えるか、賃金について会社の基本的な考え方が必要であることは間違いありません。

　質問にあるような定期昇給の問題と生活あるいは将来の楽しみの問題については、必ずしも関連付けて考える必要はなく、定期昇給をしなくても業績手当や家族手当など仕事部分も生活部分も支える

方法はいくらでもあります（ただし、業績と人件費枠が連動していることは当然ですが）。

Q ： 「総額人件費管理」を社員に理解してもらう必要はありますか？　その際は、会社の会計数字をどの程度までオープンにし、説明していったらよいでしょうか？　実際に説明しても社員にはあまり伝わらなかったというようなことも聞いたことがあります。

A ： 　従業員に総額人件費管理といっても理解できないのは当たり前のことです。総額人件費管理は、健全な経営を目指す、会社の予算制度の一環です。総額人件費管理をしている結果、業績によって賞与原資が決まることをどう従業員に示し、理解を得るかということになります。社員にオープンにできる会社数字は会社によって違ってくるはずです。社員が業績や自分たちの昇給や賞与の原資がどうなるのかを指数化するなど具体的にイメージできるようにしておくことが大切です。また、前提に経営計画の策定とその徹底があれば目標があるので、さまようことはなくなります。

　理解できる会社数字には種々あり、従業員が普段の職務の遂行と結びついた会社数字を活用することと、この会社数字を確認させる場が必要です。営業であれば営業会議で売上高だけでなく単位当たりの販売単価の動向は把握できますし、製造現場は、時間当たりの出来高および不適合による非稼働時間は把握できていますので、生産会議で理解できます。営業が頑張っているが製造側が能率を下げていることや、その逆もありますので、製販会議で営業と製造の管理監督者で現状把握と分析をしておくことです。いずれにしても、それぞれに自分たちでわかる数字で理解しておくようにしておけば、総額人件費に基づく賞与原資と会社および自部門の成果を理解できない社員が出てくることはありません。

　ただ、社員がこのように頑張っているのに、経営者の身内への過剰な賃金支給や経営者の道楽が過ぎているようでは何の納得性もありません。

鉄則 六十二

適正人件費という概念は会社独自の人件費枠の捉え方であることと、その枠内でどういう人間にどれだけ払うのかを独自に決めること。人件費をコストの中でどう捉えるか、賃金について会社の基本的な考え方が必要であることはたしかである。

図表5−21　付加価値とその方式

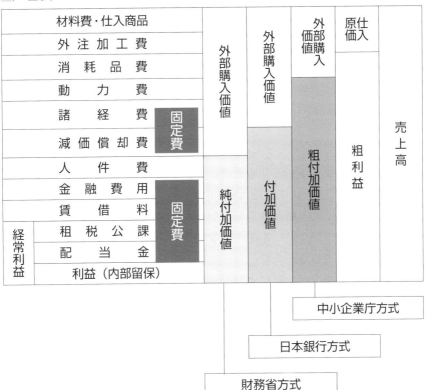

267

<付加価値と適正労働分配率の活用（参考）>
① 売上高×付加価値率 ＝ 付加価値
　　　　　　　　　　＝ 従業員数×１人当たり付加価値
② 付加価値×適正労働分配率 ＝ 人件費総額
　　　　　　　　　　　　　　＝ 適正要員数×１人当たり人件費
③ 必要売上高×計画付加価値率×適正労働分配率
　　　　　　　　　　　　　　＝ 許容人件費予算
④ 人件費の支払上限率(C)
　　　　　　＝ 人件費総額(B)÷損益分岐点売上高(A)
⑤ 要員数の上限
　　　　　　＝(A)×(C)÷従業員１人当たり平均人件費 (D)
⑥ 必要利益を確保する売上高(E)
　　　　　　＝(必要利益＋固定費)÷付加価値率
⑦ 売上高適正人件費(F)＝(B)÷(E)
⑧ 適正要員数＝(E)×(F)÷(D)

Q ： 社員募集を有利にするために逸脱した例を作ってしまったときは
どのように対処したらよいですか？

A ： 基本的に人事制度諸規程にないことをすることは許されません。
社員も納得しないでしょう。なぜ逸脱しなければならなかったのか
をよく吟味したうえで、人事制度の再構築をすることも必要です。
　社員の納得性を別にするようなその場しのぎを繰り返すわけには
いきません。経営目標に照らして、戦略上必要な人材像とその職務
を設定しておき、賃金体系を設計することが必要となります。

18 賞与設計

Q ： 「賞与の支給義務はあるのでしょうか？」とよく聞かれるのですが？

A ： 労働慣行上の賞与については、具体的に支給金額を明示したり、労働協約・就業規則、賃金規程等にその支給が明記されている場合には支給義務が生じるため、多くの会社で「会社は業績その他により賞与を支給することがある」など努力規定として定めています。

　成果主義において賞与は、基本的には業績連動となりますので、「最低〇ヵ月分支払う」などの規定をおかないということが原則です。

Q ： 算定式を規定する場合はどうでしょうか？

A ： 算定式のようなものを規定しておく場合でも、「固定賞与部分原資に業績変動部分原資を"±αカ月"とし会社業績によってこれは変動する」としておきます。業績が悪ければ業績変動部分原資のマイナス幅が大きくなりますので、固定部分原資が0以下になることもあり得るわけで、固定部分を保障したものではないことがわかるでしょう。

加えて、「賞与支給日在籍要件」についての定めも重要です。これに関しては、就業規則に「支給日に在籍しない者には支給しない」旨が明確に規定されていなければ、支給日に在籍していなくても、他の要件を満たしていれば賞与を支給することが妥当とされていますので注意が必要です。算定期間との関連もあります。

＜ポイント式賞与（業績変動部分）の設計手順＞

STEP 1　個々人の前期賞与額から新固定賞与額を除く。
　　　　　※　残差額が業績変動部分賞与額となる。

STEP 2　残差額をプロットする。
　　　　　（ヨコ軸：人事考課結果、タテ軸：賞与額）

STEP 3　等級ごとの格差と各等級内における傾きを見る。

STEP 4　最下位等級のBを100とし、各等級のBを指標化する。

STEP 5　各等級の各評価指数を決定する。
　　　　　（経営者と今後の賞与格差についての合意を得る）

STEP 6　同一賞与原資における、設定したポイント表による新賞与額を検証する。

Q：　ポイント式賞与制度へ移行するときの留意点を教えてください。

A：　賞与原資が旧制度（直近）の賞与原資と同じと仮定した場合には、標準者（B評価者）が直近の賞与額より減少する場合は、不利益変更にあたる可能性があります。したがって、固定部分原資と業績連動部分原資の割り振り方、等級格差のつけ方、等級内格差の付け方を調整し、賞与ポイント表を設計します。

鉄則　六十三

賞与規定には業績連動であることを明確に規定する。

19 ポイント式 退職金設計

Q ： ポイント式退職金をどのように導入したらよいか教えてください。

A ： ポイント式退職金は次のステップで組み立てていきます。

＜ポイント式退職金の設計手順＞	
STEP 1	自社の現状の退職金の現状分析
STEP 2	ポイント式退職金のメリットの理解
STEP 3	ポイント式の仕組みの決定
STEP 4	退職金の現状水準の調査
STEP 5	モデル退職金の水準の決定
STEP 6	勤続と資格等級のポイント比率の決定
STEP 7	ポイント単価の決定
STEP 8	勤続ポイントの決定
STEP 9	資格等級ポイントの決定
STEP10	モデル退職金の算出
STEP11	自己都合係数の決定
STEP12	現行からの移行と運用方法の決定

　よく勘違いされるのですが、モデル退職金設計を勤続0年目から毎年分を積み上げて設計していくことと、退職金支給が勤続3年目から始まることとは意味が異なります。前者はあくまで設計上の話です。

　また設計方法にも、ポイント式のほか、等級別定額式などいろいろあります。適格年金に加入していなければ労使合意以外、特に制約はありません。また、移行に関して不利益にならないように十分に配慮することが重要となります。

Q：　ポイント式の仕組みには、どのような計算基礎（要素）が考えられますか？

A：　①資格等級、②勤続年数、③役職位、④年齢、⑤人事考課など。
　しかし、役職や人事考課については、役職を外れた期間がどうなるかという問題があり、また毎年の人事考課の結果を記録しておく必要があるなど煩雑になるため、採用している会社は少ないです。

Q：　いくつかの要素を組み合わせることは可能ですか？

A：　可能です。その際、ポイント要素ごとの比率を決定することになりますが、成果主義であるならば、基本的に資格等級ポイントに比重をおくことになります。

Q：　現行制度から移行する際の手順を教えてください。

A：　①　社員個々の現時点の退職金を算出する
　　②　新退職金制度に従って持ちポイントに移行（換算）する
　　③　本人に持ちポイントを通知する
　　④　人事記録様式を作成する
　　⑤　激変緩和措置等を検討する定年まで残り3〜4年の人に対してシミュレートした結果を見て、激変緩和措置等の必要性を検討する
　　⑥　退職金規程を改定する

Q ： 激変緩和措置とはどのようなことをしますか？

A ： ポイント式の導入によって、定年まで残り3〜4年の人で不利益になるような場合は、従来の制度と新しい制度の両方で算出して、多いほうの退職金額で支給するような調整も必要です。この調整をどこまで行うかは長くて5年、2〜3年で打ち切ってもよいでしょう。

人事考課制度設計と留意点

Q ： 目標管理制度や評価制度を導入するときに考慮することはありますか？

A ： 目標管理制度、自己評価制度に対する

① 上司と部下の面接時間などの人事管理コストに対する考慮

② 生活保障給としての年功賃金の根強さに対する考慮

③ 成果を出す社員が組織を活性化する側面と、成果を出せないで意気消沈する社員が組織を沈滞させる側面と、この総合によって組織全体が活性化するかどうか決まることに関することの考慮

をしてください。

Q ： プロセスを評価すると、業績は上がっていないのに評価は高いということが起こりませんか？

A ： 職能等級制度では起こったことですが、ここでいうプロセス評価は役割行動能力に関する以下の観点での評価を示していますので、業績が上がっていないのに評価が高いということは起こりません。

① 知識やスキルを伴い成果を明確に意識した行動であること。また、表面上は同じ行動に見えても、知識やスキルのレベルによっ

て、その行動を発揮する頻度が異なるので、評価レベルは異なる。

② 人格ではなく、実際に発揮した行動であること。

③ 被評価者のレベルの行動が「年間を通じて必要な場面で「安定的」に発揮していた行動レベルを判断する（「たまたま」発揮された行動ではない）。

ということになっており、その行動は業務プロセスの中で実行され、しかも KPI（業績評価指標）によって管理されているため業績が上がっていない社員の評価が高くなるということはありません。

```
                    ┌──────────────┐
                    │  プロセス評価  │
                    └──────────────┘
   ┌─────────┐   ┌─────────┐   ┌─────────┐
   │ 資質を   │   │ 実際に   │   │ 意識的、 │
   └─────────┘ 安 定 └─────────┘ └─────────┘
   │ 伴う行動 │   │発揮した行動│   │意図的な行動│
```

Q ： 面接時間はどのくらいが適当ですか？

A ： 面接では戦略を展開するために真剣に話し合うことが必要ですが10分ほどで面接を終わらせる人は山ほどいるのです。「最低1時間はかけてください」と目標管理制度運用のルールに書いたとしても、10分で終わらせることが多いです。1時間のコストと10分のコストで同じ成果が十分出ればいいことになるのですが。

Q ： 社員の考課結果が良ければ業績が向上するはずですか？

A ： 職能等級制度の場合は、職能と成績（業績）を別々に捉えることを基本にしてきました。これは、職能が高い場合であっても結果が必ずしも出るわけではないという考え方からです。

能力は成績によって把握されますが、環境によってはストレートに結びつきません。役割等級制度において評価する能力は職能とは異なり、成果に結びつく行動のレベルと頻度（繰返し性）を評価し

ますので、職能に比べれば業績に連動する確率は高くなるといえます。

Q ： 「実施の方法」をルール化するとはどういうことですか？

A ： 実施の方法、つまり運用ルールは人事考課規程などで決めておきます。その主な内容は以下のとおりです。

① 考課回数と時期：通常は賞与支給のため半期ごとに1回、支給前1～2ヵ月に実施します。両方の結果を合算し、通期での評価となります。

② 考課対象期間：通常（3月決算の場合）は4～9月、10～翌年3月がその対象期間となります。

③ 考課段階：基本的にはSABCDなどの5段階で評価をしますが、人事考課結果は考課要素ごとの評価点の合計点となっていることから、この合計点を以下のように評語（SABCD）に読み替えることが必要となります。

評価点	80点以上	75点以上	60点以上	45点以上	45点未満
評　語	S	A	B	C	D

④ 被考課者と考課者：考課者には一次考課者と二次考課者がいるため、考課者がどの範囲の誰（被考課者）を評価するのかをあらかじめ決定しておくことが必要です。

⑤ 考課結果と調整の決定：二次考課の後は、部門での甘辛、考課者自身の甘辛、運用ルールの理解不足によるミスなどがありますから、役員会などで全体を精査し調整することになります。

㉑ 目標管理制度設計と留意点

Q ： 目標管理においての失敗とは何でしょうか？　また、解決策を教えてください。

A ： 目標管理の失敗には、大きく３つの場合があります。

① 目標管理制度を運用することを重視しすぎたため画一的、形式主義に陥ること

② 目標設定する目標内容とその評価方法に矛盾があること

心理学者 Bloom は目標を「認知的領域」「情意的領域」「精神運動的領域」の３つに、Ford は「情動目標」「認知目標」「主観的構成目標」「統合的社会関係目標」「課題目標」「自己主張的社会関係目標」の６カテゴリーから構成される24種類の目標に分類しています。この目標は単一でも働くし、同時に複数の目標が連携したり、葛藤したりしながら機能することからも内容は複雑となります。

このため、目標内容によって評価すべき方法が異なるにもかかわらず画一的に管理し、一律に達成度で評価してきたことが失敗の原因です。つまり、目標内容に合った評価方法があるのです。

③ 自分で目標の達成度をあらかじめ80％にすると決め、それ以上努力しない社員がいても叱責できない等、仕事の進め方の裁量権

が部下に移ってしまったこと

　これらの解決には、目標管理制度の狙いを再度確認し、運用することです。また、失敗している理由もいろいろありますが、その多くは結果の数字にこだわっていることや形式にこだわっていることにもあるようです。目標管理も、賃金同様に重要なことは、○○型、△△式という設計論よりも、目標内容の一つひとつにこだわり、それに合わせた運用方法を考えることです。

温故知新　松下幸之助が語る行き詰まりの原因

　経営の神様松下幸之助は「経営のコツここなりと気づいた価値は、百万両」の中で、「およそ物事と言うものは、用意周到な計画をたてていったら、失敗はほとんどないといってもいいと思います。それが次々に失敗があるということは、やはりなすべきことをちゃんと考えていない。あるいは考えても、実行していないというところに多く原因があるものです……

　（中略）……うまくいかない行き詰まりの原因と言うものは、外部なりいろいろの事情はあるにしても、そのほとんど100パーセント、まあ少し割り引くとしても95パーセントまでは自分にある。決して外部にあるものではない。そういう考えでやっていけば、そこに新しい工夫がついてきて、不景気には不景気としてやっていく道、競争の激しい中では競争の激しい中でやっていく道というものが、必ずひらけてくるものだと思うのです。」といっています。

Q ：　目標管理制度の成功イメージを持たせるために何ができますか？

A ：　コンサルタントのやることは、役割デザイン・マトリックスの整合性をチェックしてあげることと、目標管理シートをチェックしてあげることですね。コンサルタントとしてはすごく大変な作業にな

ります。

　中小企業だったら数十名で終わりますけど、大企業だったら手分けしても、1人何百名分を見るということもあります。項目として、狙い、対象、目標、計画などがきちんと具体的に書かれているかというところをチェック（確認）してください。その際に、現在の取組みについてほめてあげることです。自信を与えることによってより自分の能力を引き出すことにつながってきます。

　また、常に念頭におくことは、会社の方針がどのレベルまで明確に落とし込まれているかということを、目標管理シートを見ながらチェック（質問）を行い、軌道修正をしてあげることです。

Q ：　社員にチェックを任せてはいけませんか？

A ：　各部門の社員の人たちがやりだしたら深みにはまっていきますから、会社方針とは全然関係ないところで動き出してしまいます。我々が唯一してあげられるというのは、会社方針を受けてその人たちのレベルを揃えてあげることです。大変な作業ですけれども、やりがいがあると思います。

Q ：　バランススコアカード（以下、「BSC」という）とは何ですか？

A ：　企業や組織のビジョンと戦略を、4つの視点から具体的なアクションへと変換して計画・管理し、戦略の立案と実行を支援するとともに戦略そのものも市場や環境の変化に合わせて柔軟に適合させるための経営戦略立案・実行評価のフレームワークのことをいいます。または、このフレームワークで利用される達成目標と評価指標を記載したカードのことをいいます。

Q ：　BSC を使って目標達成度を上げることはできますか？

A ：　BSCはプロセス型戦略論に沿ったシンプルな戦略展開ツールで、社員参画型で構築していくことが必要です。

　したがって、目標管理制度と連動（KPI を達成するためのアクショ

図表 5－22　4つの視点

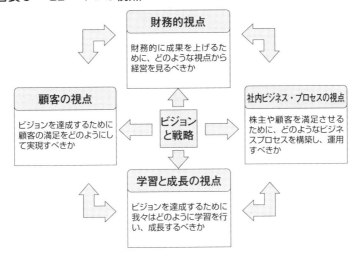

ンプランへの落とし込み）させることは当然ですし、特にBSCで
設定するKPIについてはタテ・ヨコ・ナナメに「わいがや」と自
由に意見できる雰囲気とチームワークによるアクションプランが求
められます。

　しかし、注意しなければならないのは、その「わいがや」が人事
考課結果を念頭にすると実質的な議論ができなくなることです。

　ただ、このBSCも活用のための大前提はビジネスプロセスの（再）
構築にあり、単に4つの視点で指標を設け基準を整理するだけでは
何ら効果を見出すことはありません。役割行動能力（コンピテン
シー）の抽出も同様ですが、どうもBSCがあまりにも簡単に扱わ
れもてはやされているように感じます。

　結果を重視（特に、報酬に結びついている場合）するあまりに尻
込みしてしまう、報酬と結び付くとなればアメムチ（支配的）とな
り上役に従順になり挑戦意欲や創造性を失ってしまうなどの障害が
生じることになるからです。

　したがって、事後評価についても、単にスコアの達成・未達成を

確認する前に、学習効果を出すために、どのような面がうまくいっているのか、他に展開できる仕組みはないか、など今後の変革活動を意識させることが重要となります。

Q ： BSCを目標管理とリンクさせるときの留意点は何ですか？

A ： 私はBSCを目標管理とリンクさせるのは、環境分析、経営課題（成功要因）抽出、ビジネスモデル作成、ビジネスプロセスの構築とKPIを設定する段階のみ重視します。目標管理シートをBSCで運用している大企業もありますが、運用は不可能です。経営幹部層以上の役割デザイン・マトリックスまでです。

　　ただ、BSCの良い点は4つの視点でKPIがつながるところにあり、つなげてしまえば、目標管理の目標項目と水準にそのまま移行できますから、それで十分です。

■ 図表5-23　役割デザイン・マトリックス（BSC版）

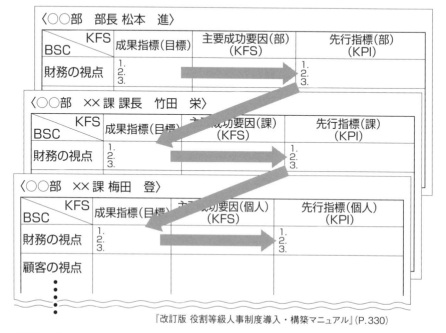

『改訂版 役割等級人事制度導入・構築マニュアル』(P.330)

Q：　部長から課長、課長から課員というように展開させるブレイクダ
ウンという形を取るということですが、ルーティンワークをするよ
うな末端の社員まで行うことにはどのようなメリット・デメリット
があるでしょうか？

　　　また、末端まで行わないのであれば、どういう方法での評価が考
えられますか？

A：　末端の社員には、目標管理制度の検討ツールとしての役割デザイ
ン・マトリックスを活用して部門方針を浸透させる方法をとります。
この意味では方針管理のツールといえます。目標数字を細かくブレ
イクダウンするのではなく、そこでは多少、これまでのルーティン
にないような役割を担うことになり、創意工夫レベルの行動となり
ます。

　　　　　ドラッカーの「現代の経営」には、以下のように書かれています。

　目標管理の最大の利点は、経営管理者が、自らの仕事ぶりを自ら管
理することが可能になるころになる。自己管理によって、適当に流す
のではなく、最善を尽くしたいという強い動機がもたらされる。より
高い目標とより広い視野がもたらされる。

　　　　　　　　　…… (中略) ……

　目標とは、前者の意味（「管理は、自分と自分の仕事の方向付けを
行う能力」）での管理の基礎となるものであり、後者の意味（「同時に、
他人を支配すること」）での管理の基礎となるべきものではない。

　目標管理の最大の利点は、支配によるマネジメントを自己管理によ
るマネジメントに代えることを可能にするところにある。

　　　　　　　　　…… (中略) ……

　経営管理者が自らの仕事を管理するためには、自らの目標を知って
いるだけでは十分ではない。

　　自らの仕事ぶりとその成果を、目標に照らして自分自身で評価測
定できることが必要です。

孫子の兵法

「衆を闘わすこと　寡を闘わすごときは　形命これなり」。
小隊を戦わせるように大軍をスムーズに戦わせられるために
は、普段からのコミュニケーションが必要であり、それによる
一体感がなければなりません。

Q ： 目標管理の展開がふさわしくない職務（企画、生産、事務）につ
いては、役割デザイン・マトリックスによるミッションの共有化は
最低限実施し、成果は人事考課による評価のみとするなどの工夫も
必要になるでしょう（『改訂版　役割等級人事制度導入・構築マニュ
アル』P.335）ということをもう少し教えてください。

A ： 目標管理制度で記入する項目は、その年度（期）の重要目標およ
び課題（CSF）にかかわるものであり、自己統制が可能な創造的な
職務であることが求められることからも、定型業務の職務には向い
ていません。

　また、一般的に下級レベルの多くの仕事はルーティン業務であり、
その延長線上でできるものばかりです。目標として取り立てるより
も、担当業務における創意工夫など改善することは当然の話で、マ
ニュアル（作業標準書）や指示に従い、これを正確に遂行すること
で生産性を向上させることが大切です。

　ただ、市場環境の変化によって会社の対応も変化していきますの
で、役割デザイン・マトリックスを活用し、上司との対話から役割
認識と自発的な改善方向性を示すことができれば十分だと考えてい
ます。

Q ： 目標管理制度を社内に浸透させるにはどのように進めますか？

A ： コンサルタントとしては、目標管理研修の場を通じて制度を浸透
させることになります。

　研修内容としては、まず制度の理解から始まり、経営目標の理解、そのための課題抽出、目標のブレイクダウン、役割デザイン・マトリックスや実行計画書（目標管理シート）への記入などがあります。初めは理解すること自体に難しさがあり、答えを求めず運用できることに力点をおくことになります。

　目標管理には「能力開発型」「職場活性化型」などと目標管理制度を類型化する場合もありますが、識者ごとに考え方も異なり、このような型にこだわり導入しようと努めることよりも、組織や個の成熟度に応じて運用し、活性化に努めることのほうが重要です。

Q：　役割を意識してもらうにはどうしたらよいでしょうか？

A：　「上司（所属部門）の目標を知らない」ということがないように、目標設定のためのひとつのツールでもある「役割デザイン・マトリックス」を職場全員で検討するようにしています。これにより相互協調関係性による役割認識ができることになっています。QC活動などボトムアップ型の小集団活動にも活用できます。

Q：　目標管理は多くの場合、形式的に運用されており、人事考課の一部として機能しているように思えるのですが……。

A：　それは人（心）を介在させてないからだと私は考えています。繰返しになりますが、組織において重要なことは社員個々の活性化です。組織運営のツールとしての目標管理であり、評価することが第一義的なものではないのです。

Q：　では、目標管理の運用で留意することは何ですか？

A：　社員が自分自身の意思で自主的に活動に取り組み、将来的には、コンサルタントや経営者が支援しなくても、自らが自由に活動できるようにすることです。幸いにしてコンサルタントが金銭的報酬を与えることはなく、できることは「場」に参加している個々人に対し、障害となっているものを取り払ってあげることや（時には制約

条件やリスクを認識してもらいながら)、各人の言動に対して人(私)としてほめたり、叱ったり、期待を表しながら（つまりフィードバックしながら）、周囲の人間（協力者）も同じようにあなたの存在を認めていると感じられる（＝互いが「場」を心地よく思える）ようにすることです。

Q： 役割デザイン・マトリックスの作成の仕方を具体的に教えてください。

A： 役割デザイン・マトリックスの作成は以下の手順で行います。

＜役割デザイン・マトリックスの作成手順＞

① 経営者から発表された経営方針および経営課題（全社および部門）を部門責任者で確認をする。

② 部門（グループ）ごとに課題を参加者全員で見直し、全社最適な課題とする。

③ 各課題について、具体的な取組み方法と各課題についての責任者を検討する。

④ 各自は「目標管理シート」（課題、目標、具体策、実行計画などを明らかにしたもの）の作成と具体策を実行するうえでのリスクとリスク回避策をプロジェクトメンバー全員で検討する。

⑤ 各自の「目標管理シート」をそれぞれの部門（グループ）に持ち帰り、各部門（グループ）で討議する。

⑥ プロジェクトで「目標管理シート」を確認し、各自完成する。

⑦ 「目標管理シート」をそれぞれの部門（グループ）に持ち帰り、各部門（グループ）の「役割デザイン・マトリックス」を作成する。

⑧ 全社の役割デザイン・マトリックス、各自の目標管理シート、部門（グループ）役割デザイン・マトリックスを確認し、発表会を実施する。

Q：　それは動機付けにどうつながりますか？

A：　内発的動機付けには、有能感、自律性、関係性が必要といわれていますが、私が中でも「関係性」を重視する理由は、人間は他人との関係において自己の価値を見出し、「私達は、この世に生まれ、生きて生かされている」という言葉が日本文化に合っていると考えているからです。自律性と関係性を対立した概念でなく、自律的相互依存のことをいい、拠るべくは自分の心ひとつですが、その自分の心は「自他不二」であるという考え方に基づいています。

ダウンロードデータ　役割デザイン・マトリックス

ダウンロードデータ　目標管理シート

Q：　それを人事制度ではどのように生かすことができますか？

A：　プロセス・アプローチによる役割等級人事制度における目標管理制度の運用で「役割デザイン・マトリックス」の活用とこれを検討する「場」を重視するのは、他者との関係において、文脈的行動（関係性）の意識化を行うためです。

　つまり、役割課題解決行動（自分自身の役割と課題の実行）はもとより基本で、確実に果たさなければなりませんが、自分の役割を越えてチームや他者の活動を支援する文脈的行動を誘発することで、新しい競争力を生み出すことになると考えています。

> **鉄則　六十四**
>
> 目標管理の運用で大切なことは、社員が自分自身の意思で自主的に活動に取り組み、将来的には、コンサルタントや経営者が支援しなくても、自らが自由に活動できるようにすること。

鉄則 六十五

「関係性」を重視する理由は、人間は他人との関係において自己の価値を見出し、「私達は、この世に生まれ、生きて生かされている」という言葉が日本文化に合っていると考えているからである。

鉄則 六十六

役割課題解決行動（自分自身の役割と課題の実行）はもとより基本で、確実に果たさなければならないが、自分の役割を越えてチームや他者の活動を支援する文脈的行動を誘発することで、新しい競争力を生み出すことになる。

22 規程類を整える

Q ： 人事制度を変更した際に、就業規則へ反映させるのですが、その際の留意点を教えてください。

A ： 役割等級人事制度の設計では、賃金設計以外ではほぼ社員全員を参画させていますので、規程類の作成においても経営幹部・管理職のプロジェクトで検討し、作成することにしています。最後まで社員を参画させることで自分達が作り上げた制度だという気持ちが生まれ、制度の理解が早まります。

人事コンサルティングを行うとそのルールを運用していくためにさまざまな社内ルールが新設または変更されます。通常は総務人事担当者や社労士が諸規則とマニュアルをきちんとリンクさせ、一貫性があるものを作成していきます。

Q ： 人事制度を導入または変更した際に、就業規則以外にどのような規程を作成・変更するとよいですか？

A ： 就業規則以外ではこれに関連する等級制度運用規程、賃金規程、退職金規程、各種手当の規程や人事制度運用のための人事考課規程、目標管理規程などを基本に作成します。

これ以外に、人事コンサルティングした結果どの部署がどのような業務（機能）を担い、どのような職務があるのかが明確になったわけですから、その職務の権限（責任）も「職務権限規程」として作成しておきましょう。その他、活性化した組織を支援するための社内提案規程、能力開発規程なども必要です。

作成・変更する規程	・就業規則 ・（役割）等級（制度運用）規程 ・賃金規程 ・退職金規程 ・各種手当の規程 ・人事考課規程 ・目標管理規程 ・職務権限規程 ・社内提案規程 ・能力開発規程

23 指導報告書

Q : 指導報告書にはどのようなことを書きますか？

A : 　プロジェクト型のコンサルティングを受託した場合、その期日までに委託された案件をやり切ることが大切です。基本的には将来を見据えての現段階での基準を設けただけであり、会社が成長するたびに新たに改善項目は出てくるものです。

　ですから、指導報告書にはある時点までに指導した内容、その経過報告とその結果（中間報告資料の振返り）、現段階での課題と今後の指導内容および期間、経営者への要望事項などを四半期ごとにまとめ、経営者に提出し理解を深めます。

鉄則 六十七

指導報告書にはある時点までに指導した内容、その経過報告とその結果（中間報告資料の振返り）、現段階での課題と今後の指導内容および期間、経営者への要望事項などをまとめる。

24 最終説明会

Q ： 最終説明会で幹部や社員の理解を得るためにはどのようなことをしたらよいでしょうか？

A ： 人事制度を全部変えた場合にはその都度、説明会をします。ここで重要なのは、管理者、管理職の方には人事考課制度に対する理解を深めるために、その方々が制度について社員に説明することです。

　これに関しては絶対にコンサルタントが引き受けないということです。理解が深まらないと自分達のものにならず、いつまで経ってもコンサルタントから手離れしないことになります。

Q ： スムーズな導入のためにはどのようなことが必要ですか？

A ： 経営幹部、管理者にとにかく制度について理解してもらうことです。人事制度の改定は特にセンシティブな問題であり、後ろ向きに考えてしまい誤解も多く発生しがちです。とにかく人事担当者と手分けしてでもある程度納得してもらうまで説明会を繰り返すことです。また、昇給・昇進時期、賞与時期、退職者が出るときなどが問題を生じやすく、こまめなフォローを心がけてください。

鉄則　六十八

制度説明会では、クライアントの制度であると自覚を促すために会社の人に説明してもらう。

鉄則　六十九

経営幹部、管理者にとにかく制度について理解してもらうこと。人事制度の改定は特にセンシティブな問題であり、後ろ向きに考えてしまい誤解も多く発生しがち。とにかく人事担当者と手分けしてでもある程度納得してもらうまで説明会を繰り返すこと。

第5章

25 継続契約につなげる

Q：　継続受注をしたい場合、制度を提案した後にすぐに持って行っても大丈夫でしょうか？

A：　提案前にほぼ判断ができます。クライアントの方針は

① 「今後は自分達で十分できます」と自信を持っている

② 今後の運用も含め、もっと丁寧にしていきたいし、定着させるにはまだまだ支援をしてほしい状態にある

③ まだ継続契約を決めかねている様子見の状態にある

の３通りです。

　　コンサルタントとしては、①のケースは今後の注意点だけ指導をし、「また何かあれば連絡ください」ということで継続の提案はしません。ただし、定期的に訪問するあるいは電話やメールで進捗を尋ねてアドバイスするなどのフォローは実施します。

　　私の場合は、定期的に連絡をし合い食事などしています。

　　②のケースは、契約することは二の次としてまず不安の要因を整

理し、指導をします。その後もまだ不安が残る場合は即、早急に不安を解消するための企画書の提出をします。

　③のケースは、基本的には①②と同じく今後の注意点の指導を行い、企画書を提示しておき定期的にフォローすることで十分です。

クライアントの方針	訪問内容
① 今後は自社で行う	・注意点だけ指導 ・継続の提案はしない ・定期的に進捗を尋ねアドバイス
② 今後の運用、定着を支援してほしい	・不安の要因を整理 ・指導後も不安が残る場合は、不安解消のための企画書を提出
③ 継続契約を決めかねている	・今後の注意点を指導 ・定期的に進捗を尋ねアドバイスする

ダウンロードデータ　運用指導企画書

Q：　制度を作ったものの、運用がされないこともありますか？

A：　人事制度説明会をやって、「はい、よくわかりました。それでは我々で運用しますから」と言われたときには嬉しい反面悲しくなります。思い入れがありますからね。その会社で運用してほしいがためにいろんなことをインタビューして、制度を構築して「もう金がないので私たちでやります」と言われるとそこまでのコンサルタントでしかなかったのでしょう。そこに至る原因、ミスがあったのか、この人に頼んだのでは運用できないと思われたということです。

　「失敗は成功の母」といいますが、それがないように、日ごろのコミュニケーションは十分にとってください。コミュニケーション能力、営業力はコンサルタントとしては重要な条件です。これだけは苦手だと思われないで、どんどん積極的に会話をしていってください。同業者、交友関係の中でどんどん高めていただきたいと思います。

Q : 継続のための企画書の作成前には何をしておくべきでしょうか？

A : コンサルティング前と現時点との違い（改革効果）を、診断時に出た課題またはコンサルティング過程において出てきた課題ごとに整理し、それぞれに対して打った策および効果を明確にしておくことです。

さらなる成長のための今後の提言です。

運用フォローをすることが顧客のためになることを第一に考えます。同時に、コンサルタントとしては新しい問題や機会を発見することができ、これに対処することで運用が行き詰まらないような支援をすることでさらにスキルを向上させることができます。

Q : 継続契約を結ぶアプローチをするときに、経営者は何に心を動かされますか？

A : 経営効果が出ればそれだけで十分です。経営効果も出せずに、有終の美は飾れません。経営者やキーマンにごまをすって継続契約をしたところでコンサルタントとして何が残せるのでしょうか？　それよりもしっかりと結果を出すまで契約終了後も定期的にフォローをすることです。

我々の飾った言葉での報告よりも、結果が出せたかどうかが大事なのです。そもそも会社が自己成長ができるようになればコンサルタントは必要ないのです。ましてや埋もれていた人や腐っていた人が再びやる気を起こしコンサルタントの代わりに社員をリードするようになれば最高の喜びです。

Q : 運用フォローは何年くらいが適切でしょうか？　会社がどのようになったら、コンサルタントが手を放しても大丈夫と判断されていますか？

A : 自分たちで制度を効果的に運用できるようになれば大丈夫です。このため、人事制度だけでの契約継続であれば、後に述べる目標管理制度や人事考課者訓練および制度の微修正など３年程度が一般的

だと思います。

　それでも、より上を目指し、会社業績に貢献できるスキルがあるのであれば人事ではなく他の分野（例えば、営業支援、生産現場改善、自身のスキルを活かした教育訓練など）のコンサルティングや研修へ移行できますが、分野ごとに専門家はどこにでもいますので、相談されたりあるいは問題と感じることがあれば、専門家につなげるところまではできるようになっておきたいものです。

Q：　長くフォローを希望される会社の特徴はありますか？

A：　制度の導入によって会社を良くしたいと願っている会社、相性もあるかもしれませんが、コンサルタントの話に素直に、しっかり耳を傾け、しつこく実践する管理・監督者社員がいる会社です。はじめは目標管理制度の運用が狙いであっても、改善することが当たり前になり、制度に関係なく改善を楽しむようになってくれば関係は続きます。

　その後、監督者、管理者、役員へと昇進する社員も出てきますし、後継者育成のための制度（道筋）作りも出てきます。クライアントへ、知力尽きるまで貢献することができることになります。

鉄則　七十

運用してもらえるようなコミュニケーションをとることが大事である。

　コミュニケーション能力、営業力はコンサルタントの重要な条件でもある。

2 運用指導

Q： 会社が活性化することが大切ですよね。

A： 数字上の結果が目標に達しなかったとしても、社員が活性化し主体的に動き出せば経営者としてコンサルティングの効果を認めざるを得ないこともあります。プロジェクトに参画した経営幹部や社員がコンサルタントを認めてくれ、互いに感謝し合う関係になった姿を見て経営者は心を動かされるのではないでしょうか。

Q： 私には現場改善指導ができません。どんな運用プログラムでフォローができるでしょうか？

A： これまでの経験を活かし、管理・監督者などへの階層別研修、人事考課者訓練、キャリア開発、問題解決技法などの研修プログラムの提供ができるのではないでしょうか。自身の営業経験を通し、営業研修も可能と思います。また、新業務マニュアル作りや研修テキスト作りなどがあります。

Q： 問題を発見する力をつけさせるには？

A： とにかく、「おかしいと思っていることをおかしいと感じる（問題を問題と感じる）」職場風土を作ることです。このためには、なぜおかしいと思うのかを議論させる（おかしいことをおかしいといえる「場」作りをする）ことと、おかしいかおかしくないかの判断基準作りをすることにしています。

例えば、簡単な例で説明してみましょう。

生産現場で不良品が出ており、これを削減したいとします。

その不良品をすぐに廃棄するとか硝子ビンのように砕き原材料に戻させるのではなく、職場の一角に目立つ線で囲って不良品置き場を作る（このことを「さらし首」という）、目立つ色の不良品箱を作りそれに入れるなど、不良品が出たことを明確に表に出すとか、

不良品が出た場合は職場グループメンバーが作業を止めて即、不良が出たその場に集まり議論をして改善策を検討し、できるところから実行するとか、いろいろな策を講ずることができます。気づかせる方法は限りなくあります。

　重要なことは、人の能力を信じ活かすという気持ちを前提として、良い仕事をしたいという気持ちと他人に迷惑をかけたくないという気持ち（恥の精神）を絡ませながら、あるべき姿に導いていけるようにすることですし、これをしようと思えば、まず信頼を得るために嘘はつかないこと、正面から真剣に取り組むことをしなければいけません。

　気づかせる方法を知るということは、自らが何度も悩み繰り返し実践することです。それをしなければ、人に気づかせることは無理だということです。これはコンサルタントのみならず、リーダー社員（管理・監督職）も同じです。

Q：　制度の不具合や会社側の依頼により作った制度を直さなければいけない場合はどうしたらよいですか？

A：　制度の単純な過ちならすぐに対応しなければいけませんが、一部の苦情の場合などは全部門でどのようなことが起きているかも含め、経営幹部・管理職でプロジェクトを組んで対応策を検討します。まだ理解をしていない場合は再度、説明会を実施します。戦略上、今後もその苦情（問題）が広がる可能性がある場合は、目的を踏み外さないように制度の改定に着手することです。

Q：　運用開始後はほかにどのようなニーズがあるでしょうか？

A：　いつまでも問題に終わりはありません。管理職に運用方法を伝えるには時間がかかります。中小企業でも人事総務担当者のコミュニケーション能力がしっかりしていればコンサルタントの出番は少ないのですが、調整力があまりないのが現実です。ですから、外部の人に頼ることになります。運用というよりはフォローです。

本来は自分達で運用できコンサルタントを必要としなくなるのが
いいのですが現実には難しいようです。そういう意味では、総務人
事担当者への教育はコンサルタントの重要な仕事です。

問題発見力を培うには、人の能力を信じ活かすという
気持ちを前提として、良い仕事をしたいという気持ち
と他人に迷惑をかけたくないという気持ち（恥の精神）を絡ま
せながらあるべき姿に導いていけるようにすることが大切だ
し、これをしようと思えば、まず信頼を得るために嘘はつかな
いこと、正面から真剣に取り組むことをしなければならない。

3　人事考課の運用

Q ：　人事考課制度運用のポイントを教えてください。

A ：　人事考課を運用する際のポイントは、「公平」「公正」「納得性」
です。人事考課の目的を明確にし、偏りがなく、誰の眼から見ても
わかる考課結果を議論し調整して得ることです。これの仕組みを人
事考課制度で定めることになります。

Q ：　「公正で納得性のある仕組み」とは、どのような仕組みですか？

A ：　公正とは「第三者から見て許容可能である」「第三者の目から見
て尊厳に値する」ということです。これを実現するためには基準・
ルールの透明性が絶対条件となります。
① 体系付けられた考課要素とその考課基準を公開すること
　　また、経営課題への対応のため役割・職務基準書を変えること
があればこれに合わせ考課制度を見直すこと
② 客観的な基準に基づいて事実を評価すること

③　仕事上での行動・事実のみを対象とすること

④　絶対考課で評価すること

⑤　評価の後は、必ずフィードバックすること

　また、納得性とは考課者の考えや行動などを十分に理解して得心することであり、これは仕組みを作ることで対応するしかないのです。したがって、以下の取組みが重要となります。

⑥　実施の方法をルール化すること

⑦　考課者訓練を十分行い、フィードバックすること

Q ：　考課者に求められる条件は？

A ：　それは以下のものです。

①　総合的、分析的、本質的なものの見方ができること

②　人を見る目を備えていること

③　人事考課制度および運用に関する知識を十分に備えていること

④　職場の事情に精通していること

⑤　仕事に精通し、部下よりも能力的に優れていること

⑥　よい聴き手であること

　これからはプロフェッショナルの時代となりますから、特に上記④⑤が重視される方向にあります。

Q ：　考課者がよく行う過ちは？

A ：　基準に従わずに評価した場合、右の図のような代表的なエラーが生じる可能性があります。

　これまでの経験では、営業部門の管理者は「極端化傾向」に走りやすいようです。メリハリを利かせている親分肌の人は、ここが非常にばらつきます（実際に、親分肌の上司ほど指示の仕方が悪く成果のバラツキが多いということもありますが）。

　「中心化傾向」は、どちらかといえば気弱な管理職、監督職の方が評価を避けて、全部Bに集中してしまうようなケースが見受けられます。

◤ 図表5-24 考課者の代表的エラー

1）ハロー効果	部下の特性が非常に明るく積極的というだけで、チームワーク、リーダーシップなど、他の要素までが優れていると評価してしまう
2）寛大化傾向	全般的に評価が甘くなることで、嫌われるのが嫌だとか、自信がないという管理職に多く見られる
3）中心化・極端化（分散化）傾向	中心化は、各要素を基準に合わせて評価せずにすべて評価（B）に近づけるあるいは差を付けないようにすることで、極端化は中心化しないように差を付けようと意識的にばらつかせること
4）論理的誤差	関連のありそうないくつかの評価要素を相互のつながりがあると錯覚し、または混同して同じようなあるいは似通った評価をする
5）対比誤差	部下を自分（能力、特性）と比較して誤って（反対の）評価をする
6）イメージ考課	部下に対する先入観で考課する

　実際、この「寛大化傾向」、「中心化傾向」、「論理的誤差」というのは、基本的にはケーススタディを解くことによって自分の傾向が見えてくるので、考課者訓練などのグループワークで気づいてもらう必要があります。

Q：　考課に感情が入る、甘辛が出るといったことで余計に社員がやる気をなくす危険性がありますが？

A：　当然のことながら既に述べたように考課に好き嫌いの感情を入れることは禁物です。ただ、「考課に感情をまったく入れるな！」と言ったところで人間は感情をもった生き物です。したがって、度（バランス）の問題となるでしょう。

　しかし、評価のフィードバックが分析できないような、事実もなく後付け理由であったりすると社員のモチベーションは一気に下が

ります。このため、多くの人が評価に関与する方法（多面評価）と
フィードバック制度などを運用することなどが挙げられます。

　その他、人事部門は評価結果を最低5年分は保管し、個々人の評価を分析し、考課者を指導するというバックアップ体制も重要となります。

　労働組合にも考課結果がオープンにできるような制度を作るなどの工夫をして、仕組みを作ってフォローするしかありません。

Q：　自己評価と上司の評価にかなりの違いが出る場合、どのようなことが考えられますか？

A：　そもそも自己評価は、部下に内在する問題点の発見と問題解決への手がかりを部下自身に掴ませることにあります。自己評価は、部下が自分のことを再認識し、自己理解するチャンスとなります。この自己理解こそ、次なる自己向上の足場となるのです。そこで違いが出る要因として以下の4点が挙げられます。

① 　考課基準の曖昧さや考課基準の理解不足

② 　上司と部下とのコミュニケーション不足

③ 　自己理解の不足：部下にも、部下自身が気づいていない事実もあり、これが部下の自己理解を妨げる場合もあります。上司が見ている事実はありますが、その事実に部下は気づいていません。そのため、部下は伸び悩んでいる状態です。そこで、部下の自己評価に表れていない事実について気づかせるのです（真のフィードバック）。

④ 　自己防衛あるいは逃避スキーマ：自我が自分を現実から守るために無意識にとる思考パターンで、精神的破たんを避けるための心の動きをいいます。

図表5 − 25　ジョハリの窓

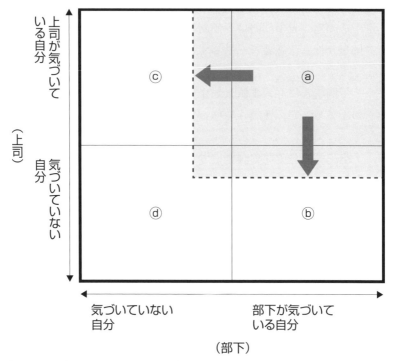

ジョハリの窓：自分も相手も気づいている領域（ⓐ）を広げることが大
事です。そのためには、上司や仲間の援助が必要となり
ます。

Q ：　　他者評価と自己評価には、密接な結びつきがあると聞いたことが
ありますが？

A ：　　被評価者の認識と、客観的な評価との間にずれがあることは、あ
る意味で避けがたいことです。また、他者から何かのことで褒めら
れたり批判されたりすると、そのことについて自信がついたり自信
がぐらついたりするだけでなく、関係のないことまで含め、いわば
自分自身の全般にわたって、自信がついたり自信がぐらついたりし
ます。また、その逆に、自己評価に影響されて評価が甘くなること

もあります。

　他者評価と自己評価には以下の関係があり、フィードバック面談などの場で必要に応じて、そのギャップを埋めることに努める必要があります。

① 　他者からの承認が与えられれば、その対象となった特性や仕事などについての自己評価は上昇し、否認されると自己評価は下降する。

② 　この影響は、承認や否認の対象となった特性や仕事についての自己評価だけでなく、関連のある他の特性や仕事やまったく無関係な特性や仕事についての自己評価にも影響するとされている。

③ 　また、自己評価の変動に関しては、他者から承認された場合の影響より、否認された場合の影響の方が一般に強くなる。

Q ：　考課制度要綱に不満はなく、「あの上司に評価されるのがたまらない」とよく聞きますが、信頼を得る上司像は？

A ：　今の時代は変革と不確実性の時代であり、職場は正にそれにさらされています。このような時代においては、人間関係に指針を求めることになり、信頼のレベルにより大きな影響を受けます。リーダーシップ像は、リーダーとしての有能さ、意思決定者としての有能さ。リーダーとしての評価は、専門知識や分析力の切れや人間関係の達人といった点よりも、最適のタイミングで必要な意思決定ができるかどうかです。

　リーダーの能力として有能さと誠実さは重要な要素です。誠実さとは、私利私欲を交えず、真心をもって人や物事に対することということです。これを徳目（仁・義・礼・智・信）という方もいます。

　リーダーとしての誠実さとは、結果として部下との口約束を裏切る、上への報告で部下の手柄を自分のものにする、陰で部下をけなすなどの行動をしないことです。リーダーがころころと異なる話をする、「綸言（りんげん）汗の如し」（君主の言は一旦口から出たら取返しはきかない）であり、影響力の及ぶところを理解すべきです。

Q ： 誠実さの条件を挙げるとすれば何でしょうか？

A ： 誠実さの条件は、以下の要素を兼ね備えたトータルでの能力といえますが、これはリーダーとしての最低条件といえます。

① オープンであること

② 公正であること

③ 気持ちを伝えること

④ 真実を告げること

⑤ 一貫性を示すこと

⑥ 約束を守ること

⑦ 秘密を守ること

　この能力は人事考課や目標管理制度の運用において非常に重要となります。

Q ： 人事考課者訓練とはどのようなことをするのでしょうか？

A ： 人事考課者訓練の目的は以下のとおりです。

① 人事考課の目的を理解させる

② 人事考課の仕組みを理解させる

③ 人事考課の基準を理解させる

④ 人事考課実施上の諸原則と留意点を理解させる

　まず、考課者訓練を十分に行うには、人事考課制度の周知・徹底を行い、考課ルールの確認が必要です。そして考課者訓練で一番重要なのは、考課者の考課基準の平準化です。レベルを合わせ、同じ視点を見出していくということが重要になりますので、研修を取り入れ、個人で考課した後にグループワークをすることによって「お前そんな考え方をしていたのか」とか、「そういう考えは参考になる」とお互いがどのように考えているかを気づく機会が必要です。時間があればロールプレイングで疑似体験をしてもらうことで、より理解を深められるような工夫が必要となります。

人事考課者訓練プログラム例　　　　　　　　　　　　　（W：演習）

時　　間	内　　　　　容
9：00	1．人事制度を取り巻く環境
	2．自社の人事考課制度の理解（人事諸制度の説明）
	3．人事考課者訓練
	（1）人事考課の狙い
	（2）人事考課の進め方（制度要綱を中心に）
12：00	（3）考課要素の理解【個人W】【グループW】
13：00	（4）ケーススタディ
	【個人W】
	【グループW】
	【発表】
16：00	（5）質疑応答
	（6）フィード・バック
	【個人W】【グループW】
	【発表ロールプレイング】
	4．全体のまとめ

ダウンロードデータ　人事考課者訓練プログラム（例）

Q：　考課者訓練というのは、頻繁に行わなければならないものですか？

A：　人事考課の時期が来るたびに考課者訓練をして、レベル合わせをするのが理想です。その際、以前行った考課結果を見て甘辛がなかったか、考課者（部門）ごとにチェックします。

　　人事考課者訓練後もエラーが出ているのかどうかグラフ化してチェックし、人事評定会議に上げてもらうということを毎年2回行います。

Q：　公平性・納得性を高めるためには何をしますか？

A：　人事管理の原則、公開周知・公正運用に従って人事考課を実施し、つまり規程に従って考課を行い、部下にフィードバックしてあげることです。

Q ：　業績格差が生まれて、業績の良い部門は他の部門に不満を抱いたり、やる気がだんだん低下することがあるのではないでしょうか？

A ：　モチベーションが下がるのはその部門の業績がどう落ちたのか、そのときその部門の長あるいは経営者が、その部門をどう扱ったかによって異なります。

　　多くの場合、経営者は業績低下の部門を叱責するだけで部門責任者を更迭するなど厳しい措置をとるだけです。絶対評価ではなく相対評価をしている限りではそうならざるを得ません。

Q ：　やる気を低下させずに全体を底上げする方法はありますか？

A ：　やる気を低下させない方法は、そこに属する人間がどう誇りを持って仕事をするかにかかっており、業績が落ちたからと言って逆にやる気になるよう支援し目標設定をするとか、誇りを持てるように職務を与えるしか方法はありません。

Q ：　どんなリーダーシップをとればよいですか？

A ：　部下達に好意的に受け入れられるようなリーダーシップ・スタイルをとるということです。パーソナリティによることも多く B（リーダー行動）＝ f（P, S）という定式もあるように、いずれにしても部下の置かれた状況や部下の成熟度に合わせリーダーシップをどう発揮するかにかかっています。

　　B（リーダー行動）＝ f（P, S）という定式が示すものとは、P は「パーソナリティ」、S は「状況」を示します。

　　リーダーの行動は、その個性と置かれた状況により変える必要があるということを表します。

　　部下の成熟度は、①目標設定意欲、②責任に対してコミットメントする意思と能力、③仕事を遂行するための教育と経験などで判断されますが、この状況に合わせてリーダーシップ・スタイルを変えず一辺倒に発揮したところで状況は変わらないでしょう。

Q ： 考課を行い、その後フィードバックしていない会社が案外多いようですが。

A ： 考課者の人事考課に対する自信のなさか、経営者の管理不足の表れともいえます。人事考課者訓練で評価のために普段から部下の行動をメモ書きしておくこと、と話しているのですが、なかなか意識しなければできるものではないのも当然です。

　このため経営者は、単に問題点の指摘にとどまらず、事態の改善についてしっかりと考課者と話し合い、原因を解明し、今後どのように改善に取り組めばよいかについてともに考え、一つひとつ改善を積み重ねていくことが必要です。

　結果よりも原因について解明していかなければ、また次の考課でも同じ結果を招いてしまいます。

Q ： 考課内容に対して、社員との面接で心がけることは？

A ： まず、緊張感を解くためにほめ言葉からスタートします。柔和な表情、アイコンタクト、前傾姿勢を心がけてください。腕組みはNGです。そして、課題は何か、ゴールは何かを明らかにしたうえで自己評価（振返り）をしてもらいます。最も大事なことは、面談時間の多くを被面談者に話をさせるよう問いかけて、傾聴（受け止める）し、被面談者の話を生かしたアプローチをすることです。質問攻めや途中で話を投げ捨てるのはNGです。

　最終的には、被面談者の心の中にある答えを急がせずに聞き出し、無理のない合意をします。そのとき、面談者は被面談者の意思確認と期限の設定を確認すると同時に、必要に応じて助言・提案し、最後は今後の期待や激励の言葉でクロージングします。

STEP 1 リレーション作り
- まずは信頼関係、雰囲気作りに徹する
- 雑談の効用／傾聴

STEP 2 部下の自己評価を聞く
- 目標を確認する
- 部下の意見を傾聴する（受容的、支援的に聴く）
- 結果だけでなく、プロセスにも耳を傾ける

STEP 3 上司の評価を述べる
- 目標面接で決めた基準に従い明確に評価を述べていく
- 達成の場合には充分なほめ言葉をかける

STEP 4 優れていた点を伝える
- 優れていた点、努力した点を認める
- 当たり前のこと、部下が気づいてない点に注意
- プロセスを充分に確認する
- 具体的にフィードバックする

STEP 5 改善点を明確にする
- 改善を促す点を明確に話す
- 部下の意見を傾聴し、部下自身に問題点を気づかせる
- 問題点を確認する

STEP 6 育成点を話し合い、合意する
- 改善点について率直に話し合い、今後どうするかを具体的に話し、解決していく姿勢を示す
- 自分の考えを押し付けず、部下にまとめさせる
- 自己肯定感を強化する
- 改善意欲を支援する

STEP 7 クロージング
- 期待を述べ、激励する（孤立感を与えない）
- 部下にまとめさせる

Q : 効果的な人事考課面接のポイントは何ですか？

A : 面接は、不平不満を聞く場でもなければ議論する場でもありません。相手によって異なりますが、まずは「受容的コミュニケーション」を心がけ、良き聞き役になってあげることです。場合によっては、「積極的コミュニケーション」によって相手の伝えたいことを素直に理解し、一方でそれに対する自分の意見を伝えるようにしましょう。

　後はしっかりと事前準備を行い、面接環境を整えて臨むことです。

鉄則　七十二

社員との面談で心がけることは、緊張感を解くための誉め言葉、柔和な表情、アイコンタクト、前傾姿勢。

鉄則　七十三

面接は、不平不満を聞く場でもなければ議論する場でもない。まずは「受容的コミュニケーション」を心がけ、良き聞き役になってあげること。

第5章

26 職務分析後の業務改善

Q : 人事制度の運用において、目標管理制度が重要であることはわかりました。この目標管理制度において職務分析（プロセス展開表）をどのように活用できるのか教えてください。

A : 制度の導入後、目標達成に向けてクライアントの従業員は、改善された "ありたい姿" のプロセス展開表に基づく行動をとっていくことになります。しかし、できるだろうと仮定したうえで設定したプロセスですが、仕組みづくりや関係先との協力が思うようにいかず停滞してしまうことも当然あります。このため、各部門では目標進捗会議を定期的に実施し、原因の究明と改善策を講じていくことになります。運用後、半年経過したころには結果（目標との差異）は明確になってくるので、この解決のための改善策としてプロセスの変更や職務再設計が実施されることになれば、当然、その後の役割基準書、人事考課表の着眼点は変更することになります。

　また、「プロセス展開表」を基礎資料として、業務改善をすることができます。プロセス展開表に書かれた課業および役割行動（単位作業）は、それぞれに業務コードを設定（課業は流れに沿ってA、B、C、D……、役割行動はA－1、A－2……となる）することで、

課業ごと、場合によっては役割行動ごとに、発生頻度、処理件数、（1件当たりの）処理時間、日・月・年間などの所要時間を調査することができるようになります。

　これによって、社員の稼働率およびミクロ的な適正要員数も算出できるようになります。また、業務について、発生頻度別に業務量を捉えておくと、ピーク時の対策にも活用できます。

Q：　業務改善の延長線上で、できることはありますか？

A：　職務分析の基礎データを活用し、業務分析および業務量調査を実施することで、仕事の頻度、処理時間帯、単位当たりの平均所要時間および月間および年間での平均所要時間を確認できます。これらの平均値（本来は、標準値）によって、業務配分上の、ムリ、ムダ、ムラを確認でき、この3ムを排除することで、業務の経済性、合理性を追求し、効率的で均衡のとれた職務に設計することが可能になります。また、これらの手法は、少子高齢化が進む中で、育児や介護による離職に歯止めをかけるための短時間および短日正社員制度の導入の際に役立ちます。副次的に、女性管理職比率が向上していきます。なお、経営環境が非常に厳しくなった際には、雇用を維持するために導入されることが多いジョブ・シェアリング※にも展開させることができます。

※　ジョブ・シェアリングとは、通常、フルタイム勤務者1人で担当する職務を2人以上が組になって分担し、職務の成果について共同で責任を負い、評価・処遇についても2人セットで受ける働き方をいい、ワークシェアリングのひとつの形態です。

㉗ エンパワーメント

Q ： 「権限委譲がやる気を引き出す」といわれますが、権限委譲を意味する「エンパワーメント」とはどういうことを意味しますか？

A ： "empower" は「能力・資格を与える」ことで、"empowerment" は、その名詞形です。言葉の起源は17世紀の法律用語で、一般的に「本来持っている能力を引き出し、社会的な権限を与えること」であり、日本経営品質協議会のアセスメント基準書では「組織の戦略目標が社員に理解されたうえで、現場に大きな権限が委譲された状態を指します。

激しい経営環境の変化に対し迅速で柔軟な経営を実現するため、現場が主体的かつ迅速な意思決定を促す仕組みです。社員の自立（自主性・独創性を引き出して）によるやる気を通じて、組織の生産性向上に結び付く側面を持つとともに社員の無力感を取り除き、モチベーションを高める効果があります」となっています。

これは一般的に理解されている解釈ですが、エンパワーメントにおけるパワーとは、「自らの生活を決定する要因を統御する能力のことであり、エンパワーメントとは、このパワーを持たない人達が自分達の生活への統御感を獲得し、組織的、社会的構造に影響を与

える過程」とされ、「参加」→「対話」→「問題意識と仲間意識の高揚」→「行動」といった過程を経て達成されるものと考えるべきす。決して上位階層（エンパワーメントする側）から下位階層（エンパワーメントされる側）への一方向的な力の流れではなく、双方向性であることが必要です。

　よくいわれているような、上位からの一方的な権限の委譲のような単純な解釈ではありません。

Q ：　権限委譲の例として、以前日本陸軍の話をしてくださいましたね。

A ：　そうです。日本陸軍が強かったのは現場の下士官が優秀だったからといわれています。これは単に下士官の才能だけの問題ではなく、日本人の特徴でもある一人の職務にとらわれず動き回る器用さ（職務拡大、職務充実など）、助け合う「和」の精神と、現場においては、上位からの権限委譲もその要因にありました。これまでの日本企業の強さもそこにありました。

　このため役割等級人事制度を構築する際に、組織のタテ・ヨコの壁を破るためにプロセス・アプローチという手法を活用し、組織あるいは社員をゆるがせながら、議論をする「場」を大事にしていくのは、現場にいる下層の社員に仕事に対する誇りを再認識してほしいからです。

Q ：　社員の参加意識の大小に左右されますね？

A ：　エンパワーメントの成功は、社員からのコミットメントに大きく依存しますが、これは社員の間に参加・関与という感情が生まれなければ、充分なコミットメントを引き出すことは不可能です。

Q： 双方向だから巻き込んだり、やる気が出たりすることにつながるのですね。それではエンパワーメントを可能にする条件は何でしょうか?

A： 次の条件が挙げられます。

① 事実に直面すること（自分自身のことを正確に知らされていること）

② 仲間がいること（自分の問題を仲間と一緒に考える「場」があること）

③ 自立できる状況（管理、行き届いたサポートがされず、自分で困り、考え、道を切り開くことを邪魔されない状況）

④ 生きる目的と生きがい、評価される「場」があること。自己表現の手段があったり、ほめられる場面があること

Q： 制度の中ではどのように活用できますか?

A： これまでに述べてきた「関係性支援」という視点からエンパワーメントを捉え、「個の自律（自己実現）」を実現する役割等級制度の下で運用される目標管理制度および人事考課制度によって確実にエンパワーメントは図られるものと考えています。

鉄則 七十四

 「関係性支援」という視点からエンパワーメントを捉え、「個の自律（自己実現）」を実現する役割等級制度における目標管理制度および人事考課制度によってエンパワーメントは図られる。

28 満足度を高める

Q ： 経営者や幹部は何に心を動かされたり、満足度を高めたりします
か？

A ： きめ細かい指導の中で衝突したり、ぶつかり合ったりしながらも
経営幹部と第一線社員との架け橋的な役割を果たし、経営者および
経営幹部と社員との信頼関係を強くすることにより組織が活性化し
ます。その中で成果が出始めてきたことを実感したときでしょう。

　重要なことは、やるべきことを毅然とした態度でやることです。
正直なところ、「敢て虎を暴にせず、敢て河を馮せず、人その一を知っ
て、その他を知るなし。戦々兢々として、深き淵に臨むが如く、薄
き氷を履むが如し」の心境です。

Q ： 「組織が活性化した」と実感されたときのエピソードを教えてく
ださい。

A ： 会社には「経営者が何年もやってきて変わらなかったものが、神
様ではないのですから一気に変わるはずもありません。私が１年
やって変わるのものですか。でも、２年経ったら絶対に変わります。」
と最初に言います。

社員が主体的に物事を考え、自分の意見を言い始めるようになれば、目標管理制度も自分達で運用できるようになるし、人事考課のフィードバックも部下に自信を持ってできるようになります。社員に責任感と自信が生まれることにより、組織は活性化していきます。

　人事制度を導入するときは、最初に予備診断のために２〜３ヵ月かけて２〜３割の社員にインタビューをします。大体１人当たり１時間から１時間半話します。インタビュー後、よく経営者から「なんかみんな元気になっていましたけど、何かあったのですか。最近みんながすっきりしています」と言われます。

　社員の話をしっかり聴いたことで、「俺に任せろ、俺が何とかしてやるから」と思う真剣さが伝わるからでしょう。いうまでもなく私はその会社の社員ではなく、第三者のコンサルタントですが、そこまでの気概をもって社員に接します。

　私の責任においてできる全部で経営者との信頼関係を構築しますし、それ以上に社員の方々との信頼関係は大切なのです。

Q：　信頼関係ができれば相手も活き活きしてきますか？

A：　信頼関係がないと日本人は安心できずなかなか動かないですよ。「結果を出せ」と言っても出せるはずがありません。動機付けがされていないですから。

Q：　動機付けのために具体的にどんなことをされますか？

A：　「群れ」させます。とにかく群れさせるのです。だからプロセスをがんがん作ります。いろんな会社で「これで群れさせてみなさい」という具合に、そのコーディネートを全部行います。

　しかし、「答えはここにある」ということは言わずにやります。答えに導くように指導します。中小企業の管理職ではなかなかこれができないのです。そういう意味でも、社長とコンサルタントの信頼関係は重要です。

鉄則 七十五

　きめ細かい指導の中で衝突したり、ぶつかり合ったりしながらも経営幹部と第一線社員との架け橋的な役割を果たし、経営者および経営幹部と社員との信頼関係を強くすることにより組織が活性化する。その中で成果が出始めてきたことを実感したとき満足度は高まる。重要なことはただやるべきことを毅然とした態度でやること。

役割等級人事 制度の今後

Q： 役割等級人事制度の果たすべき役割とは何なのでしょうか？

A： 職能（職務遂行能力）には顕在能力と保有能力（仕事で必要とされている「顕在能力」から離れて、仕事で発揮されていない能力も含めた個人の持つ能力）があり、人を中心に考えると非常に良いことのように見えます。しかし、企業側から見るとその評価は難しく「能力はあるだろう」とみなし、昇格させたところで必ずしも業績を出すということにはならないところに矛盾があります。

特に、顕在能力を重視していない職能等級制度は今後ますます存在意義を失っていくだろうと考えています。

やれ「職務給だ」「役割給だ」「職能給と役割給を併存させたハイブリッド型だ」のように用語をもてあそび、「一般層は能力重視で職能給、中間職層は職能給と役割給の併存、管理職層や高齢者になれば役割給……」だと世間ではまことしやかにささやかれています。

しかし、役割は職階や年齢層に関係なく、それぞれの能力に応じて与えられる果たすべき機能であり、各人はその役割責任をまっとうするために行動することを求められるのです。今支払われている賃金の多い少ないで役割が決まるものでもありません。

　このような現象は、それぞれの制度の本質（基軸）を見失っているか、職能等級制度の呪縛から未だに抜け出すことができず、過去の延長線上で矛盾した論理立てのように思われます。言葉遊びではなく、人事制度を通してクライアントの目的を達成することが重要なのです。

　企業は業績を追求し、当然、社員もその業績を意識し、業績に結び付く行動をしなければなりません。つまり、若い頃からそのような行動をとることを評価し育成していくことが必要なのです。結果を出せる人材になってもらうためにその結果を明確に意識した行動をさせ、若いうちから鍛える、若いうちに苦労させることが大切なのです。ビジネスとはそういうものです。

　仕事には「年齢や階層に関係なく社員として果たさなければならない役割と行動」が求められるのです。ということから考えれば、全階層に適用でき、しかも企業戦略から体系付けられた役割行動能力を基軸とする役割等級人事制度の導入は今後の経済社会構造の中で社員を活性化することにより、組織はもちろん社会の活性化を実現できるものであり、これが役割等級人事制度の本質といえます。

鉄則　七十六

仕事には「年齢や階層に関係なく社員として果たさなければならない役割と行動」が求められる。つまり、全階層に適用でき、しかも企業戦略から体系付けられた役割行動能力を基軸とする役割等級人事制度を導入することは必然。

鉄則　七十七

役割等級人事制度の導入は、今後の経済社会構造の中で社員を活性化することにより、組織はもちろん社会の活性化を実現できるものであり、これが役割等級人事制度の本質。

第6章

人事コンサルタントの鉄則77箇条

鉄則一

コンサルタントとは、クライアントが経営管理上抱えているさまざまな問題の解決を図り、経営目的・目標を達成するうえで経営者と組織成員を支援することを職業としている人間である。
⇨ P20

鉄則二

なによりもまず"良心"が必要。
⇨ P20

鉄則三

他人任せ的な理由のときは、経営者に実状をしっかりと伝え、会社の創業精神、経営理念を基本に今後、解決する方向性を明確にしたうえでコンサルティングする。
⇨ P26

鉄則四

会社に対する先入観を持つことや特定の経験（狭い分野）のみでコンサルティングを受託することはとても危険。それよりも自分独自の「手法」を持つことが大事。
⇨ P26

鉄則
五

会社は、制度の中身で変わるのではなく、制度の構築方法や運用方法で変わる。　⇨ P33

鉄則
六

人事制度改定を成功させるカギは、目的を明確にすること。　⇨ P33

鉄則
七

文化資源は常に私達の周囲にあって私達の行動を誘発し、かつそれを制約し、かくして行動を可能にしている。このような心理的プロセスの中に取り込まれているということを忘れてはならない。　⇨ P33

第6章

鉄則
八

人事制度改定の目的を明確にし、技術論にかかわらずクライアントの組織風土をよく理解し、抵抗の原因を見極めたうえで、コンサルティングを行うことが必要。　⇨ P33

鉄則　九

人事制度の改定は社員の生活に重大な影響を及ぼすもの。時にはリストラのように多くの血を流すことも。コンサルタントの持つこのスキルは、武士でいえば刀であり、危険な道具である刀を持つということは、同時に責任感と自尊心を持つことであり、自制心を生じさせる。コンサルタントにおいてもきちんと社員と向き合う責任もあることを忘れてはならない。

⇨ P34

鉄則　十

会社の業務の流れ（ビジネスプロセス）を無視した人事制度の構築は不可能。

⇨ P39

鉄則　十一

「もろびとの　苦楽を元に　業にして　勤め尽くさん　幾夜ふるとも」まさにこの想いでコンサルティングは行わなければならない。

⇨ P43

鉄則　十二

人事体系には、等級基準を中心にトータル人事システムの運用ルールを記した等級制度が中心にあり、その等級基準に基づき賃金制度、目標管理制度、人事考課制度および能力開発制度などの諸制度がある。

⇨ P52

鉄則 十三

全体の制度をどのように運用するのかを明らかにするためには、等級制度とその運用を定めた等級基準書は必須。 ⇨ P52

鉄則 十四
職能等級制度と役割（職務）等級制度の違いは、人事管理の基軸を「人」にするのか「仕事」にするのかの違い。 ⇨ P60

鉄則 十五
役割等級制度とは、職務等級制度を会社のプロセス機能的側面から変更を加えたものであり、プロセス機能を果たすための職務行動も重視。 ⇨ P60

第6章

鉄則 十六

組織7Sのバランスのとれたデザインができなければ、人事制度だけを変えても問題が起きるだけ。ここ数年いわれている成果主義の失敗のほとんどは、人事制度面からしか人事を見られない人事コンサルタントの責任である。 ⇨P84

鉄則 十七

会社の成熟度（成長段階）が上がらなければ、定義も管理もできず、同じ問題を繰り返すことがある。 ⇨P87

鉄則 十八

経営者の後ろ盾なくして抵抗勢力と戦うことは、よほどの条件が揃わなければ勝ち目はない。 ⇨P99

鉄則 十九

不安が多い場合は双方のことを考え受託はしないこと。チャレンジすることも必要だが、無理な受託は必ずコンサルティングの途中で避けて通れないほど大きな壁として表面化する。 ⇨P99

鉄則
二十

成果主義の狙いは社員一人ひとりの活性化と、それによる組織の活性化。賃金を触らなくても目標管理制度の導入によるミッション・ビジョンや、危機感の共有化、経営戦略の落とし込みだけで十分に社員は活性化し、業績は回復に転じる。　⇨ P101

鉄則
二十一

コンサルタント導入を決断してもらうためには、経営者が経営目標に沿った情報を集め、整理してもらうために、コンサルタントとしては臆することなくこれを支援するための情報を提供すること。　⇨ P104

鉄則
二十二

人事コンサルタントとして関与し、経営者と労働組合のコミュニケーションの促進が図れ、信頼関係が構築できるよう正々堂々と支援することが必要。　⇨ P107

鉄則
二十三

キーマンは、コンサルタントが要望以上の内容を提供してくれると感じたときに心を動かされる。　⇨ P109

第6章

鉄則 二十四

提案は最善と思われる1案だが、もう2案程度考えておき相手に選択の幅を与える。 ⇨P122

鉄則 二十五

企画書作成のときには、指導するシミュレーションを頭で何度も行い、リスクを洗い出し、頭の中でコンサルティングをイメージしておく。 ⇨P122

鉄則 二十六

クロージングするときは、説得することよりも企画内容に納得してもらうことが大切。 ⇨P124

鉄則 二十七

最終的には決定者に「君に任せるよ」というコンサルタントとしてのパワー（オーラ）を感じてもらうことである。これは日頃から人間力を高めるよう自己を磨かなければならない。 ⇨P124

鉄則 二十八 人事制度は経営戦略を実行し、ビジョンを達成するための一部であり、組織風土や日本の風土を無視した形でルールをつくることは絶対に不可能。 ⇨P133

鉄則 二十九 ビジョンとは、ある時点での会社の到達点（将来像）を表すものであり、社員全員で目指していくものである。ビジョンとは「定量目標」「事業ドメイン」「ポジション」「経営変革基盤」の４つの要素から構成され自社の意思（価値観）を明らかにするものである。 ⇨P136

鉄則 三十 人件費を抑制することがコンサルタントの仕事ではない。人件費がコストではなく投資であるとするならば、最終成果はやはり業績の向上、労働生産性の向上にほかならない。 ⇨P149

鉄則 三十一 ミッションがわかれば解決策を考えていくことのみでビジョンは出てくるが、これを会社のシステムとして機能させていくためには、目標管理制度の導入によるミッションやビジョンの落とし込みが必要。 ⇨P154

第6章

鉄則 三十二

インタビューの中で注意することは、経営目標（課題）を念頭におき、組織の5機能が部門内や部門を越えて過不足なく存在し、働いているか、ということを念入りに確認すること。5機能とは「企画（計画）機能」「意思決定機能」「調整機能」「実行機能」「評価機能」を指す。 ⇨P168

鉄則 三十三

インタビューの前に資料分析や観察をしておきクライアントの問題を推測し、それを確認していくというシナリオを作り、そこから質問項目を考えていく。 ⇨P168

鉄則 三十四

SWOT分析によってミッションやビジョンを実現するための具体的戦略課題が明らかになり、事業の進むべき方向性が明確になる。 ⇨P176

鉄則 三十五

多くの会社で課題がわかっているのにできないのは、情報の流れ、仕事の流れなどが経営を支える仕組みに沿っていないからである。 ⇨P187

鉄則 三十六

経営者が社員に想いや方針を伝えられないからこそ、コンサルタントが必要とされる。経営者あるいは経営幹部が自ら想いや方針を伝えられるようになるまでは、コンサルタントが話（代弁）をする必要がある。　⇨P187

鉄則 三十七

コンサルタントの役割として重要なのは会社自身で運用できる、改善できる力をつけてあげること。定着までの責任は経営者だけでなくコンサルタントにもあるという自覚が必要。　⇨P187

鉄則 三十八

リーダーの持つリーダーシップとは、与えられた状況の下で特定目標や課題の達成に向かって人間（個人または集団）の活動に対して影響を与える力（パワー）の行使のプロセスのことである。このため、リーダーになれる条件は、集団を理解していること、組織目標を実現するうえで他の社員以上に集団に貢献できること、情報があり社員から人望を取り付けられることが挙げられる。　⇨P190

第6章

鉄則 三十九

会社を訪問したときは、会議室に直行するのではなく必ず現場の巡回を行い、挨拶はもちろん、社員の動き、顔つきを見ながら声がけをし、仕事内容やポイントを聞くようにする。現場を歩くと仕事の量や業績傾向もわかり、何よりも社員一人ひとりに接することでコンサルタントとしての責任感が増してくる。⇨P194

鉄則 四十

チェンジ・エージェンシーを中心に改革の火種（改革意識の強い社員）を増やす。改革の空気ができれば、周りにはその気になればついてくる人材も多い。⇨P194

鉄則 四十一

注意すべきは抵抗のすべてを否定することなく、柔・剛を使い分け臨機応変に対応をしながら経営革新（変化）するという意志を貫くことが大切。もう一点、リーダー自身が言動の変化をすることなく、抵抗する場合には役割交代も考える。⇨P194

鉄則 四十二

改革、改善は仕事の一部であるということを経営者以下全社員が認識することが重要。仕事＝標準作業（仕事）＋改善作業であることを徹底させる。⇨P195

鉄則 四十三

報告書は難しい専門用語で書こうと思わず、インタビューや資料調査から出てきた言葉をそのまま活用し、自然体で記述するほうが相手の理解が深まる。　⇨P204

鉄則 四十四

診断書というシナリオの前提としてコンサルタントとしての哲学と創造性が必要。また未来が「絶対に」ということもない。空理空論にしないためには、明確にした目的を達成するための手段を提示することが重要。　⇨P205

鉄則 四十五

診断書というシナリオ

コンサルタント側は、何をしているかコンサルティング過程を明確にし、常に目的・目標に戻ること。　⇨P205

鉄則 四十六

多くの会社で、人事は人事、営業は営業、製造は製造……というようにバラバラに考え動かしている。経営者も体系的に整理できていないため、その時々の直感で指示をすることが多くある。結果として部門間がチグハグ（仕事面だけでなく感情面も）したり、非効率になっていることも忘れずに。　⇨P205

第6章

鉄則　四十七

コンサルティングの目的に沿って、ここまでの作業がコンサルティング成果のどこにどう結びつくかについて、コンサルタントの仮説を切り口に議論し答えを導き出していく。　⇨P208

鉄則　四十八

ビジネスプロセスを再構築し、成果を出していくためには、新たなビジネスプロセスの中で、自分の役割や能力を再構築し、各自が目的・目標を設定し、主体的、自律的に行動することが求められる。

このために、全社員にこのビジネスプロセスと各自が果たす役割をきちんと理解してもらうと同時に、チームワークと連帯責任を尊重する組織文化（企業風土）とすることも必要になる。　⇨P226

鉄則　四十九

ビジネスプロセスはリーダーシップに裏付けられた戦略によって操縦されることになり、より重要なのは戦略そのものがビジネスプロセスによってモニタリング・修正されることである。これがビジネスプロセスを重視することの最大のメリットである。　⇨P226

鉄則　五十

人事コンサルティングはそもそも人材という資源を長期的視野で育成し、業績向上を目指すところにあり、動ぜず企画提案のスケジュールどおり事を運ぶことが大切。　⇨P231

鉄則 五十一

経営者によるビジョンが浸透してくると、各部門の中でも部門長を筆頭に"わいがや集団"やプロジェクトチームあるいはリーダー同士での会議が自発的にでき始める。そうなるまで経営者はやり続けること。

⇨P235

鉄則 五十二

経営者には本当に「経営革新をしたいかどうか」という意思の確認を行う。「誰かが言ったから」といって、何十年も経て作り上げた固定観念を、簡単に取り除けるはずはなく、「自分は正しい」という観念に根が生えて固定化している。

⇨P235

鉄則 五十三

場作りは、コンサルタントの大きな役割。

⇨P236

鉄則 五十四

アカウンタビリティ（成果責任）と高業績を生み出す役割行動能力で、人事制度と事業戦略との一体化を図る。

⇨P238

第6章

鉄則 五十五

社員の本当のやる気は、内発的に動機付けられることで起こるわけで、特に、日本人の場合は有能感と関係性支援（他者から与えられているという認知）が必要であり、社会的な役割をいかに「努力」して果たしていくべきかということを重視することだと考える。 ⇨P246

鉄則 五十六

人事システム的には（役割）等級制度と目標管理制度の導入によるタテ・ヨコ・ナナメの「関係」において積極的に役割を認識させる「場」、その役割を達成するための学習の「場」および関係性における評価の「場」を設けることが最低限のポイントと考える。 ⇨P246

鉄則 五十七

お金をもらう側がどういう気持ちでもらうのかとか、給料を払う側がどういう気持ちで支払っているのだろうということを考える。また、それに至るまでのコミュニケーションや心の通いはどうであるか、そういうものに力点を置かないとやはり人事制度をいくら作ったところで機能しない。 ⇨P256

鉄則 五十八

社員の意欲を引き出し、投資効率を最大化するための環境作りを行うことが大切。 ⇨P256

鉄則 五十九

賃金制度を変えるときは、不利益にならないための経過措置として新制度移行後2〜3年間支給していく調整給も考えられる。労使でしっかり話合いをして決定し、給与辞令においても明確にしたうえで運用を行う。 ⇨P257

鉄則 六十

役割給とは現在の、および戦略に基づき求められる仕事を知識や経験、そして期待される役割行動能力を要件に仕事の価値序列することによって賃金を決定し、その後は行動能力の発揮度や結果によって変動していく運用をする賃金である。 ⇨P264

鉄則 六十一

賃金は日本、その組織の風土に合ったものでなければ特徴や活力が衰えてしまう。他社とは異なる戦略を立てなければ競争に負けてしまう今の時代なら、なおさらである。 ⇨P264

鉄則 六十二

適正人件費という概念は会社独自の人件費枠の捉え方であることと、その枠内でどういう人間にどれだけ払うのかを独自に決めること。人件費をコストの中でどう捉えるか、賃金について会社の基本的な考え方が必要であることはたしかである。 ⇨P267

第6章

鉄則 六十三

賞与規定には業績連動であることを明確に規定する。

⇨P271

鉄則 六十四

目標管理の運用で大切なことは、社員が自分自身の意思で自主的に活動に取り組み、将来的には、コンサルタントや経営者が支援しなくても、自らが自由に活動できるようにすること。

⇨P287

鉄則 六十五

「関係性」を重視する理由は、人間は他人との関係において自己の価値を見出し、「私達は、この世に生まれ、生きて生かされている」という言葉が日本文化に合っていると考えているからである。

⇨P288

鉄則 六十六

役割課題解決行動（自分自身の役割と課題の実行）はもとより基本で、確実に果たさなければならないが、自分の役割を越えてチームや他者の活動を支援する文脈的行動を誘発することで、新しい競争力を生み出すことになる。

⇨P288

鉄則 六十七

指導報告書にはある時点までに指導した内容、その経過報告とその結果（中間報告資料の振返り）、現段階での課題と今後の指導内容および期間、経営者への要望事項などをまとめる。　　　　　　　　　　⇨P291

鉄則 六十八

制度説明会では、クライアントの制度であると自覚を促すために会社の人に説明してもらう。　⇨P293

鉄則 六十九

経営幹部、管理者にとにかく制度について理解してもらうこと。人事制度の改定は特にセンシティブな問題であり、後ろ向きに考えてしまい誤解も多く発生しがち。とにかく人事担当者と手分けしてでもある程度納得してもらうまで説明会を繰り返すこと。　　　　　　⇨P293

第6章

鉄則 七十

運用してもらえるようなコミュニケーションをとることが大事である。
　コミュニケーション能力、営業力はコンサルタントの重要な条件でもある。　　　　　　　　　　　⇨P297

鉄則 七十一

問題発見力を培うには、人の能力を信じ活かすという気持ちを前提として、良い仕事をしたいという気持ちと他人に迷惑をかけたくないという気持ち（恥の精神）を絡ませながらあるべき姿に導いていけるようにすることが大切だし、これをしようと思えば、まず信頼を得るために嘘はつかないこと、正面から真剣に取り組むことをしなければならない。

⇨P300

鉄則 七十二

社員との面談で心がけることは、緊張感を解くための誉め言葉、柔和な表情、アイコンタクト、前傾姿勢。

⇨P311

鉄則 七十三

面接は、不平不満を聞く場でもなければ議論する場でもない。まずは「受容的コミュニケーション」を心がけ、良き聞き役になってあげること。

⇨P311

鉄則 七十四

「関係性支援」という視点からエンパワーメントを捉え、「個の自律（自己実現）」を実現する役割等級制度における目標管理制度および人事考課制度によってエンパワーメントは図られる。

⇨P316

鉄則 七十五

きめ細かい指導の中で衝突したり、ぶつかり合ったりしながらも経営幹部と第一線社員との架け橋的な役割を果たし、経営者および経営幹部と社員との信頼関係を強くすることにより組織が活性化する。その中で成果が出始めてきたことを実感したとき満足度は高まる。重要なことはただやるべきことを毅然とした態度でやること。

⇨P319

鉄則 七十六

仕事には「年齢や階層に関係なく社員として果たさなければならない役割と行動」が求められる。つまり、全階層に適用でき、しかも企業戦略から体系付けられた役割行動能力を基軸とする役割等級人事制度を導入することは必然。

⇨P321

第6章

鉄則 七十七

役割等級人事制度の導入は、今後の経済社会構造の中で社員を活性化することにより、組織はもちろん社会の活性化を実現できるものであり、これが役割等級人事制度の本質。

⇨P321

〈人事コンサルタント養成講座　お薦め図書〉

		書　籍　名	著　　者	出　版　社
1	◎	経営管理	野中郁次郎	日本経済新聞社
2		経営戦略	奥村昭博	日本経済新聞社
3		「戦略経営」の実践原理	H. イゴール アンゾフ	ダイヤモンド社
4	◎	企業戦略論（上）競争優位の構築と持続	ジェイ・B．バーニー	ダイヤモンド社
5		バランスト・スコアカード理論と導入	伊藤嘉博ほか	ダイヤモンド社
6	◎	バランス・スコアカード入門	吉川武男	生産性出版
7	◎	戦略シナリオのノウハウ・ドゥハウ	HR インスティテュート/著 野口吉昭/編	ＰＨＰ研究所
8		戦略構築と組織設計のマネジメント	今口　忠政	中央経済社
9		参画型経営戦略策定シナリオ	HR インスティテュート/著 野口吉昭/編	かんき出版
10		図解ＴＱＭ　経営品質の高め方	新　将命	日本実業出版社
11	○	現代の経営　上・下	Ｐ・Ｆ・ドラッカー	ダイヤモンド社
12	◎	経営の再生	高橋伸夫	有斐閣
13		日本型経営を活かす	奥田健二	日本生産性本部
14		日本の雇用システム	小池和男	東洋経済新報社
15		現代日本経済システムの源流	岡崎哲二／奥野正寛編	日本経済新聞社
16		経営計画の策定と適正賃金決定	日経連経済調査部編	日経連出版部
17	◎	適正労働分配率の算定と運用	窪田　千貫	中央経済社
18		経営分析入門 収益性・資金繰・生産性の見方・考え方	国弘員人	ぱるす出版
19		組織設計概論	波頭　亮	産能大学出版部
20	◎	組織デザイン論	古川久敬	誠信書房
21	◎	構造こわし	古川久敬	誠信書房
22		組織改革	高橋俊介	東洋経済新報社
23	○	ジョン・コッターの企業変革ノート	ジョン・P．コッター	日経ＢＰ社
24	◎	組織の成長と衰退	今口忠政	白桃書房
25		日本企業の衰退メカニズムと再生化	今口忠政・柴　孝夫	多賀出版
26	◎	健全なる組織への再生	アランP・ブレーシュ	ダイヤモンド社
27		デミングの組織論	武田修三郎	東洋経済新報社
28		ミッションマネジメント	アーサーアンダーセン	生産性出版
29		組織文化　経営文化　企業文化	梅澤　正	同文館出版
30		わかりやすい人事が会社を変える	柳下公一	日本経済新聞出版社
31	◎	成果主義	高橋俊介	東洋経済新報社
32		成果主義は怖くない	高橋俊介	プレジデント社
33		人事経済学	樋口美雄	生産性出版
34	○	人材マネジメント論	高橋俊介	東洋経済新報社
35		キャリア・サバイバル	エドガーH．シャイン	白桃書房
36	◎	賃金の本質と人事革新	NPO法人企業年金・賃金研究センター	三修社
37	◎	役割等級人事制度導入・構築マニュアル	西村聡／三浦眞澄	日本法令
38	◎	職務分析・調査入門	日経連職務分析センター編	日経連広報部
39		賃金・人事処遇制度の新方向	関東経協賃金委員会編	日経連広報部

		書　籍　名	著　　者	出　版　社
40		正しいコンピテンシーの使い方	ヘイコンサルティンググループ	ＰＨＰ研究所
41	○	カスタマーエコノミー革命	マイケル・ハマー	ダイヤモンド社
42		図解　コンピテンシーマネジメント	アンダーセン	東洋経済新報社
43		図解　戦略人材マネジメント	ウイリアム・マーサー	東洋経済新報社
44		日本の賃金		社会経済生産性本部
45		日本職人史	遠藤元男	雄山閣
46		賃金テキスト	楠田　丘	経営書院
47	○	賃金を変える	高橋　宏	日本法令
48		小さな会社の賃金の決め方	滝澤算織	オーエス出版社
49		複線型賃金体系	滝澤算織	経営書院
50		ここがおかしい日本の人事制度	風早正宏	日本経済新聞出版社
51		実力中心の昇格システム	井田　修	中央経済社
52		格付基準書とつくり方	村田多嘉治	経営書院
53		能力主義管理		日本経団連出版
54	○	アメリカの賃金・評価システム	笹島芳雄	日経連出版部
55	○	アメリカのホワイトカラー	小池和男	東洋経済新報社
56		年功賃金の歩みと未来	孫田良平編著	産業調査研究所
57	◎	奥田健二オーラル・ヒストリー	政策研究大学院大学C.O.Eオーラル・政策研究プロジェクト	
58		退職金の本給切離しと支払準備	滝沢算織	経営書院
59	◎	教育評価	梶田叡一	有斐閣双書
60		人事考課フォーマット	日経連出版部	日本経団連出版
61		目標管理のコンティンジェンシー・アプローチ	奥野明子	白桃書房
62		ホンダ流「課題達成型」目標管理	浅江季光	産能大学出版部
63		個を活かす企業		ダイヤモンド社
64	○	変革時代のリーダーシップ	古川久敬	千曲秀版社
65		組織・集団の活力	古川久敬	千曲秀版社
66	○	人事労務管理	竹内一夫	新世社
67		労務管理論	森　五郎	有斐閣双書
68		海軍式人間管理学	吉田俊雄	講談社
69		報徳外記	堀井純二編	錦正社
70	○	二宮翁夜話		ＰＨＰ研究所
71		結果が出るまでやり抜く人　一歩前で諦める人	永川幸樹	青春出版社
72	○	「空気」の研究	山本七平	文春文庫
73		法句経講義	友松圓諦	講談社
74		理趣経	松長有慶	中公文庫
75		孟子・荀子	久米旺生	ＰＨＰ文庫
76		孟子（上・下）	小林勝人	岩波文庫
77		「日本人らしさ」の発達社会心理学	高田利武	ナカニシヤ出版
78		日本人の生き方	会田雄次	講談社学術文庫

		書籍名	著者	出版社
79		日本人の心のゆくえ	河合隼雄	岩波書店
80		日本人が忘れてしまった「日本文明」の真価	清水馨八郎	祥伝社
81		よみがえれ日本	清水馨八郎	財団法人日本精神修養会
82		菊と刀 —日本文化の型	ルース・ベネディクト	講談社学術文庫
83		文化行動の社会心理学	高木修監修	北大路書房
84		日本人が世界史と衝突したとき	増田義郎	弓立社
85	◎	場の論理とマネジメント	伊丹敬之	東洋経済新報社
86		わかる・使える孫子の兵法	福田晃市	ソフトバンクビジネス
87		統帥綱領入門	大橋武夫	マネジメント社
88		指導者の条件	松下幸之助	ＰＨＰ研究所
89		組織の自己改革法	長谷川慶太郎	中公文庫
90		リーダーシップの心理学	国分康孝	講談社現代新書
91		帝王学 [貞観政要]の読み方	山本七平	日本経済新聞社
92		リーダーの条件	会田雄次	新潮社
93	○	産業・組織心理学エッセンシャルズ	外島裕／田中堅一郎編	ナカニシヤ出版
94		自己意識の心理学	梶田叡一	東京大学出版会
95		人間性の心理学	Ａ．Ｈ．マズロー	産業能率大学出版部
96		佐藤一斎「南洲手抄言志録101ヵ条」を読む	福田常雄	致知出版社
97		ハイ・フライヤー 次世代リーダーの育成法	モーガン・マッコール	プレジデント社
98		競争の原理	堺屋太一／渡部昇一	致知出版社
99		セルフ・コントロール 交流分析の実際	池見西次郎／著 杉田峰康／著	創元社
100	○	完全なる経営	Ａ．Ｈ．マズロー	日本経済新聞出版社
101		企業の正義	中条高徳	ワニブックス
102		山下俊彦が語る人が育ついい話	山下俊彦談	中経出版
103		ビジネスモデリングテクニック	芳賀正彦	日刊工業新聞社
104	◎	プロセス・マネジメント入門	高梨智弘・万年勲	生産性出版
105		リエンジニアリング実践技法	渡辺純一	日科技連
106		生産管理の仕事がわかる本	甲斐章人	日本実業出版社
107		事務能率ハンドブック	産能大学編	産能大学出版部
108	◎	ＩＥ ７つ道具	実践経営研究会	日刊工業新聞社
109		多品種少量生産の生産管理改善	五十嵐瞭	日刊工業新聞社
110	○	トヨタ生産方式	大野耐一	ダイヤモンド社
111	◎	わかりやすいマーケティング戦略	沼上幹	有斐閣アルマ
112		営業の本質	石井淳蔵／嶋口充輝	有斐閣
113		ランチェスター弱者必勝の戦略	竹田陽一	サンマーク文庫
114		実践高品質・高生産性営業活動	淡路富男	ビジネス社
115		経験からの学習－プロフェッショナルへの成長プロセス－	松尾睦	同文舘出版
116		月刊誌 ハーバード・ビジネス・レビュー		ダイヤモンド社